CONSEILS
AUX TRAVAILLEURS

ÉTUDE ÉCONOMIQUE
COMMERCIALE, INDUSTRIELLE, AGRICOLE,
POLITIQUE ET SOCIALE

Couronnée par la Société nationale d'Encouragement au Bien
(Concours de 1884)
et par la Société d'Instruction et d'Éducation populaires (1885)

Par HENRI MEIFREDY
DÉLÉGUÉ CANTONAL DE LA SEINE, OFFICIER D'ACADÉMIE

PRÉFACE
de M. F. DELTOUR
INSPECTEUR GÉNÉRAL DE L'INSTRUCTION PUBLIQUE

PARIS
IMPRIMERIE ET LIBRAIRIE CENTRALES DES CHEMINS DE FER
IMPRIMERIE CHAIX
SOCIÉTÉ ANONYME AU CAPITAL DE SIX MILLIONS
Rue Bergère, 20
1886

CONSEILS
AUX TRAVAILLEURS

ÉTUDE ÉCONOMIQUE
COMMERCIALE, INDUSTRIELLE, AGRICOLE,
POLITIQUE ET SOCIALE

CONSEILS
AUX TRAVAILLEURS

ÉTUDE ÉCONOMIQUE
COMMERCIALE, INDUSTRIELLE, AGRICOLE,
POLITIQUE ET SOCIALE

Couronnée par la Société nationale d'Encouragement au Bien (Concours de 1884)
et par la Société d'Instruction et d'Éducation populaires (1885).

Par Henri MEIFREDY
DÉLÉGUÉ CANTONAL DE LA SEINE, OFFICIER D'ACADÉMIE

PRÉFACE
de M. F. DELTOUR
INSPECTEUR GÉNÉRAL DE L'INSTRUCTION PUBLIQUE

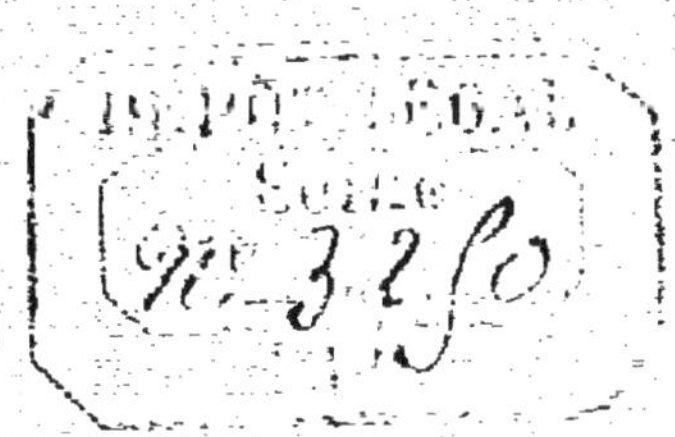

PARIS
IMPRIMERIE ET LIBRAIRIE CENTRALES DES CHEMINS DE FER
IMPRIMERIE CHAIX
SOCIÉTÉ ANONYME AU CAPITAL DE SIX MILLIONS
Rue Bergère, 20
1886

A Monsieur F. DELTOUR

Inspecteur général de l'Instruction publique

Hommage respectueux

H. MEIFREDY.

PRÉFACE

Le plus grand malheur de notre pays et de notre temps, c'est que *les questions politiques*, débattues sans cesse dans les assemblées et dans les journaux, ont le privilège presque exclusif de nous occuper et d'exciter nos passions.

Cependant *les questions sociales* sont plus intimement liées a nos plus graves intérêts et touchent de plus près à l'avenir et à la vie même des nations modernes.

Qu'importe après tout la constitution de l'État, quand tous, gouvernants et gouvernés, ont le respect de la loi, et que la paix et l'harmonie règnent dans la société ?

Celui-là donc est le meilleur citoyen qui, remontant a la source véritable de tous les désordres, de toutes les révolutions, entreprend d'éclairer ses compatriotes sur les conditions mêmes de la vie sociale, de combattre tous les préjugés, tous les sophismes qui en sont le fléau, et d'enseigner à ceux qui travaillent les moyens les plus efficaces de réduire et de vaincre la misère, de préparer l'aisance et d'élever à la fois leur intelligence et leur sort.

Tel est le but, tel sera l'honneur d'un écrivain dont les

ouvrages ont déjà mérité à leur auteur de justes récompenses.

Délégué cantonal, caissier principal d'une grande Société industrielle, M. Meifredy vit au milieu des jeunes gens et des ouvriers : il les connaît, il les aime et il sait leur parler le langage qui doit frapper leur esprit et toucher leur cœur.

Nous avons déjà signalé ces qualités (1) dans un premier et très utile petit livre que la Société nationale d'Encouragement au Bien a couronné en 1883 : *les Conseils de M. Honoré Arnoul*. Étude économique agricole.

C'était une suite d'entretiens simples, courts, instructifs sur l'agriculture, sur les causes de la dépopulation des campagnes, sur les remèdes les plus efficaces à ce mal si inquiétant.

Nous retrouvons les mêmes mérites dans un second écrit, d'un intérêt plus général encore, couronné en 1884, par la même Société : *Étude économique, commerciale, industrielle, agricole, politique et sociale, dédiée aux travailleurs.*

M. Meifredy réédite aujourd'hui ce livre avec de nouveaux développements et en l'accompagnant de jolies vignettes (2) qui ne seront pas inutiles au succès, car ce qui frappe les yeux pénètre plus facilement dans l'intelligence.

Nous voudrions indiquer rapidement les caractères principaux de cette étude, sûr qu'une exacte et courte analyse la recommandera, mieux que nos éloges, à l'attention de nos lecteurs. Le titre seul en fait connaître l'étendue et l'importance : dans les cent cinquante pages où l'auteur se

---

(1) Voir le *Bulletin de la Société Franklin*, février 1884, p. 21 à 23.

(2) Nous devons à l'obligeance de M. Montmayeur la communication gracieuse d'un certain nombre de ces vignettes, tirées de son intéressante et utile publication : *Le premier enseignement.* *(Note de l'auteur.)*

renferme, ce sont les questions les plus graves, les plus brûlantes de notre temps qu'il aborde et qu'il discute avec autorité et avec force.

Travail, capital, salaire, participation aux bénéfices, sociétés de secours mutuels, caisses de retraite pour la vieillesse, assurances sur la vie, caisses d'épargne, enseignement manuel, industriel, agricole, commercial, éducation des jeunes filles, chacun de ces problèmes est résolu à son tour, avec une simplicité lumineuse, une solidité, une sobriété, une précision parfaitement appropriées à ceux que l'auteur veut convaincre.

En homme qui les aime et les respecte, il leur dit fermement la vérité ; c'est à leur raison qu'il s'adresse partout ; c'est le travail, l'ordre, le progrès par la stabilité des institutions, par le discrédit des hommes de désordre et de révolution, par la conciliation entre les patrons et les ouvriers, entre le capital et le salaire, qu'il leur prêche, comme le seul remède efficace à la plaie du paupérisme.

Que d'utopies funestes, que de préjugés lamentables sont combattus dans ces pages loyales et fermes ? Comme l'auteur oppose aux idées subversives de rénovation sociale les bienfaits des institutions de prévoyance, comme il démontre les avantages des sociétés de secours mutuels *« sur lesquelles, dit-il, viennent se greffer les orphelinats, l'assistance aux veuves, le patronage des enfants, les écoles, et surtout les caisses de retraite, qui mettent la vieillesse à l'abri de la misère ! »*

Un des chapitres les plus frappants du livre est celui qui fait valoir le principe fécond de la participation aux bénéfices.

Nul système, M. Meifredy le démontre, *« n'est plus propre à faire disparaître les revendications bruyantes contre l'infâme capital, à supprimer les conflits et les grèves, à éteindre l'esprit d'antagonisme de l'ouvrier à l'égard du patron, à*

*donner à celui-ci l'autorité morale, à celui-là l'esprit d'assi-
duité et de travail, le souci des intérêts d'un établissement
dont la prospérité aide à la sienne. Envisageant l'avenir avec
un sentiment plus profond de sécurité, il devient meilleur, plus
conciliant, plus laborieux, plus dévoué. Rendu plus libre et
plus indépendant, il se sent grandi dans son état social et se
considère comme solidaire des intérêts du patron dont il est
devenu l'associé. »*

La question de l'*enseignement* n'est pas traitée avec moins
de compétence et de sagesse et M. Meifredy a eu raison de
lui consacrer près de la moitié de son livre. L'instruction
en effet, mais l'instruction bien comprise, appropriée aux
besoins des travailleurs, est une des premières conditions
du progrès social ; pour l'atelier, pour la ferme, pour le
comptoir, pour le ménage même, c'est un élément essentiel
de l'amélioration matérielle et morale.

Notre temps se passionne pour la création d'écoles, de
collèges, de lycées ; il cherche dans la diffusion de la
culture intellectuelle le plus sûr moyen de relever le pays :
il faut le reconnaître à son honneur.

Mais, non sans quelque raison, M. Meifredy craint que
le haut enseignement littéraire et scientifique, propre à
faire des savants et des savantes, ne détourne trop l'attention des enseignements pratiques, nécessaires au maintien
de notre supériorité industrielle et commerciale. Il
voudrait propager l'enseignement professionnel et manuel,
l'enseignement agricole, dont il démontre l'importance dans
son précédent ouvrage, l'enseignement commercial, très
insuffisamment pratiqué en France, ce qui fait que dans
un grand nombre de nos maisons de banque les premiers
emplois sont tenus par des Anglais et des Allemands,
que notre commerce extérieur est en péril, que notre
système colonial le cède à celui de nos voisins, que nos
agents consulaires, faute de connaissances spéciales, ne
peuvent, en général, lutter contre les agents étrangers,

préparés à leurs fonctions par de nombreuses et fortes écoles de commerce, d'arts et métiers, de navigation. La concurrence étrangère étouffe notre commerce et notre industrie au dehors et nos marques de fabrique sont contrefaites. Au dedans, nos ateliers occupent des ouvriers étrangers qui surprennent nos procédés de fabrication, en dévoilent les secrets et dérobent nos modèles. « *Il faut agir énergiquement et promptement. si nous voulons éviter un Sedan industriel après le Sedan militaire.* »

M. Meifredy a réservé pour la fin de son livre le problème de l'éducation des femmes. Il voit, avec une inquiétude que partagent beaucoup de bons esprits, l'exagération de l'enseignement supérieur pour les jeunes filles ; la création croissante de collèges de filles émules des collèges de garçons. « *Nous n'avons pas besoin, dit-il, de doctoresses et de pédantes. mais de compagnes dont le rôle dans la famille ne doit pas être modifié, et dont la place à la maison est celle de la femme et non de l'homme.* » Il montre avec force le danger d'une éducation brillante pour les jeunes filles sans fortune : « *Ne pouvant aspirer à un riche mariage, elles ne veulent pas non plus épouser un modeste employé ou un ouvrier intelligent et travailleur, dont l'éducation n'est pas en rapport avec la leur, et, dominées par l'orgueil, aidées par les passions, elles ne produisent que le mal et tombent parfois dans la dégradation.* »

C'est donc l'éducation pratique qu'il recommande. Il se déclare « *chaud partisan de l'établissement des classes d'instruction professionnelle et ménagère, destinées à offrir aux jeunes filles, qui ont terminé à l'école leurs études primaires, le moyen d'apprendre une profession lucrative tout en s'exerçant aux soins du ménage et en se préparant ainsi à l'accomplissement des devoirs qui les attendent dans la famille.* » Il distingue les cours généraux et les cours spéciaux ; les premiers qui comprennent l'enseignement primaire, la comptabilité, l'économie domestique, le dessin, la coupe des vêtements, les soins à donner au ménage, cuisine, blanchissage, repassage du linge, etc. ; la seconde qui s'applique aux professions suivantes : couturières, lingères, blanchisseuses de fin, passementières, coloristes, etc. Il recommande aux familles des travailleurs ces écoles qui préserveront leurs enfants des dangers de l'atelier, des promiscuités fâcheuses et donneront aux jeunes filles une culture industrielle et commerciale, féconde en résultats excellents. Il insiste, comme il l'avait fait déjà à propos des écoles commerciales, sur l'importance de la comptabilité, « *Véritable flambeau qui éclaire le négociant sur sa position réelle et lui sert à diriger ses affaires commerciales ; qui permet au simple particulier d'établir convenablement et exactement son budget et sa situation financière, qui est enfin la base des fortunes privées comme de la fortune publique.* »

M. Meifredy n'entend pas priver la femme de l'instruction générale ; il se rallie au programme de *Fleury* qui demandait « *les connaissances de grammaire nécessaires pour lire, pour écrire et composer correctement en français, une lettre, un mémoire ou quelque autre pièce d'usage journalier, des notions d'arithmétique pratique ; qui insistait sur l'économie ou science du ménage et sur l'hygiène, si utile pour prendre de soi-même et des autres le soin qu'il convient* ».

Pour le reste, le latin, l'histoire, les mathématiques, la rhétorique, la philosophie des collèges, M. Meifredy croit, avec Fleury, que les femmes peuvent s'en passer « *bien que ces curiosités soient préférables à la lecture des romans et à des causeries sur les jupes et les rubans* ».

« *Gardons-nous,* dit-il en concluant, *de changer les femmes en hommes et ne risquons pas, en cherchant à leur donner une supériorité dangereuse dans le ménage, d'en bannir la douceur et la grâce.* »

Telles sont les dernières lignes de ce livre si sensé, si

pratique, plein de convictions si sincères, d'un intérêt si affectueux pour les ouvriers. Nous nous félicitons d'avoir pu le signaler aux hommes soucieux des vrais intérêts de notre pays; nous souhaitons qu'il se répande, qu'il ait sa place dans les bibliothèques des villes et des moindres villages et que, par les soins des bons citoyens, il puisse apporter jusque dans les plus humbles demeures la lumière d'idées justes, de sentiments droits, le bienfait d'une morale élevée et pure, propre à calmer les haines et à pacifier les âmes.

F. DELTOUR, O. I. ☉, ✻.
Inspecteur général de l'instruction publique.

LE TRAVAIL

Le travail est imposé à l'homme par les conditions mêmes de sa vie, et c'est à l'effort commun de tous les travailleurs que la société doit son existence.

Il utilise la pensée chez les uns, les bras chez les autres, de façon à faire concourir la conception et l'exécution dont le résultat sera *la production.*

Chacun doit contribuer dans la mesure de ses capacités, de ses forces, de ses aptitudes, à l'œuvre commune, à laquelle participe aussi bien l'ouvrier habile et laborieux, que l'ingénieur actif et intelligent, chargé de le diriger.

L'artisan, le journalier, le cultivateur, ne rendent pas moins de services que le négociant, l'architecte, l'industriel, dont le travail intellectuel multiplie les résultats, non seulement au point de vue du bien-être de l'un ou de l'autre, mais au point de vue de la richesse générale et de la prospérité du pays.

Le travail a pour but de créer des *agents naturels de production*, par sa division même, de manière à en augmenter le résultat, en le simplifiant et en l'abrégeant.

Il faut produire, afin de consommer, c'est-à-dire s'assurer la vie matérielle, et parfois conquérir le bien-être par le travail, marque de notre dignité et gage de notre indépendance.

Élément moralisateur par excellence, il excite, il élève notre intelligence, tandis que l'oisiveté dégrade l'homme et l'abrutit.

Le travail, source de tous les biens, est en outre un spécifique puissant contre les maux auxquels l'humanité est assujettie.

Une occupation sérieuse n'est pas toujours un plaisir; mais c'est quelquefois une distraction, qui nous aide à supporter l'excès de nos ennuis, et souvent un remède contre les chagrins inséparables de la vie.

Le travail, c'est le trésor caché que le laboureur de *La Fontaine* signale à ses enfants à son lit de mort :

> Gardez-vous, leur dit-il, de vendre l'héritage
>   Que nous ont laissé nos parents :
>   Un trésor est caché dedans.
> Je ne sais pas l'endroit, mais un peu de courage
> Vous le fera trouver; vous en viendrez à bout.

Et en effet, le champ creusé, fouillé, bêché, rapporta davantage, et les fils du cultivateur comprirent que le trésor, dont leur père voulait parler, était le fruit de leur travail.

Cette belle fable, destinée à nous convaincre que nous n'acquérons rien sans le travail, s'applique également au trésor que nous pouvons trouver à l'aide de notre intelligence, en la cultivant par l'étude, de façon à pouvoir jouir un jour et faire profiter les autres des richesses que procurent l'instruction et l'éducation.

L'homme qui indique la semence à confier au sillon et y répand le rayon fécondant de sa pensée, contribue à la production commune, comme celui qui travaille d'une façon pénible à la sueur de son front.

Les connaissances techniques de l'Ingénieur sont indispensables à l'ouvrier pour l'exécution des grands travaux.

Les travaux des mineurs doivent être dirigés par l'ingénieur, dont les connaissances techniques lui sont indispensables pour le creusement d'un puits ou l'ouverture d'une galerie de mine; aux tisserands, il indique la marche des métiers; aux cultivateurs, la nécessité de l'irrigation des campagnes ; aux ouvriers de l'industrie, il donne ses conseils pour la construction, le montage, le lançage d'un pont, avec l'aide et le concours de ses chefs de travaux et contremaîtres.

Le géologue découvrira, par l'examen de la nature d'un terrain, le filon de houille ; le botaniste devinera la présence de l'eau souterraine à l'apparence des plantes ; l'industriel inventera des machines destinées à simplifier ou à améliorer le travail de l'ouvrier ; les uns ouvriront aux autres, en un mot, les sources auxquelles ils peuvent puiser afin d'arriver au bien-être général et souvent à la richesse, qui n'est qu'un produit du travail.

Les ignorants et les paresseux considèrent comme extraordinaires les effets les plus naturels de l'étude, du travail et de la persévérance. On pourrait leur mettre sous les yeux, pour leur faire comprendre ce que peuvent ces vertus unies à l'énergie et à l'esprit d'association, l'exemple de *Caïus Furius Crésinus*, ce cultivateur du temps des anciens Romains, qui a inspiré à *Lachambaudie* la fable ayant pour titre :

LES SORTILÈGES

S'affranchissant du joug héréditaire,
Un Romain acheta quelques arpents de terre,
Et travailla si bien qu'en peu de temps,
D'un sol jadis rocailleux et stérile,
Il fit un champ riche et fertile.
De sa prospérité des voisins mécontents
Devant le peuple l'appelèrent,
Et de Magie ils l'accusèrent.
Que fit l'ancien esclave en ce pressant danger?
Il amena, vers ceux qui devaient le juger,
Ses deux bœufs, robuste attelage,
Ses fils déjà grands, déjà forts,
Et ses outils de labourage.
« Peuple, voilà, dit-il, la magie et les sorts
Auxquels je dois le bien que l'on m'envie. »
A ces mots, en dépit de ses voisins jaloux,
Le laboureur partit absous
Aux acclamations de la foule ravie.

L'ORDRE — LE PROGRÈS

L'*Ordre*, indispensable à l'épanouissement du travail, lui permet de produire les résultats destinés à amener le *Progrès* dont le développement exige la stabilité, à l'aide de laquelle ce phénomène de croissance sociale se manifestera d'abord dans les idées, pour entrer ensuite dans les mœurs.

Aussi, faut-il combattre et vaincre les hommes de désordre et de révolution.

Un gouvernement ne peut exister que s'il est pratique et sage, dirigé avec bon sens et droiture, dans la voie du travail et du progrès.

Tous les facteurs du travail sont solidaires, et si les conditions économiques de la production se sont modifiées, il faut unir nos efforts, porter nos études vers un état de choses meilleur et ne pas le rechercher particulièrement dans une augmentation croissante des salaires.

Ce n'est pas aux passions du peuple qu'il faut parler, mais à sa raison, en s'efforçant de trouver avec lui le remède à ses souffrances, au lieu de chercher à les irriter, à les exaspérer.

Il y a des institutions nouvelles à fonder, d'autres dont le jeu est perfectible, susceptible d'améliorations.

Il faut obliger le travailleur à les étudier en lui démontrant qu'il marchera sûrement vers le progrès, en s'appuyant sur elles, avec la science pour guide et la fraternité pour compagne.

Il faut lui faire comprendre le mécanisme des institutions de prévoyance, à l'aide desquelles l'ouvrier réfléchi, le contremaître laborieux, l'employé intelligent, sauront sauvegarder leur propre avenir et celui de leur famille.

Ce sera un progrès social d'avoir réussi à écarter de leurs préoccupations ces trois spectres qui les entourent et les obsèdent : la maladie, la vieillesse, la mort.

La vraie fraternité, pour les hommes d'ordre et de progrès, dont le devoir est de constituer un gouvernement durable et stable, consistera à indiquer au travailleur une solution aux questions redoutables qu'il se pose en pensant à son ménage, à un chômage forcé, à une mort prématurée, et à opposer à ses préoccupations, la nécessité des *Sociétés de Secours mutuels, des Caisses de Retraite, de l'Assurance.*

LES SOCIÉTÉS
DE SECOURS MUTUELS

Qu'est-ce qu'une Société de secours mutuels?

C'est une petite compagnie d'assurances créée dans un but spécial, celui de garantir le risque de maladie.

C'est une association, fondée sur la prévoyance, à l'aide de laquelle les sociétaires peuvent, moyennant un versement mensuel modique, obtenir, en cas de maladie ou d'accident :

1° *Les soins du médecin et les médicaments ;*

2° *Une indemnité journalière pendant le temps du chômage ;*

3° Des secours temporaires en cas d'infirmités ou de maladies incurables;

4° Les frais funéraires si la maladie est suivie de mort;

L'association peut en outre, si les statuts l'indiquent :

5° Accorder une indemnité au survivant ou aux enfants mineurs du sociétaire décédé;

6° Secourir et patronner les orphelins de la Société;

7° Constituer des pensions de retraite.

Voilà la vraie fraternité à l'aide de laquelle on peut lutter déjà contre le hasard qui vient nous frapper en pleine activité, par la maladie, par l'accident, par la mort.

Si nous sommes isolés, réduits à nos propres forces, à nos seules ressources, il nous est difficile, souvent impossible, de combattre les calamités qui peuvent fondre sur nous; mais en nous associant pour opposer le remède au mal, en constituant un faisceau puissant par l'union d'individualités compactes, nous parviendrons à neutraliser les effets désastreux d'accidents imprévus.

L'ouvrier tombe malade, la Société de secours mutuels lui fournit les médicaments, les soins et des secours ; s'il meurt, elle assurera, au moins pendant un certain temps, l'existence de sa famille et atténuera les conséquences du coup terrible qui vient de la frapper.

Tous les chefs d'industrie qui n'ont point de Société de Secours mutuels, devraient prendre comme modèle les usines où elles fonctionnent en rendant d'immenses services : toutes les communes devraient être dotées de semblables institutions et elles ne tarderaient pas à en recueillir les fruits.

Là où elles n'existent point, le conseil municipal est obligé de voter des fonds pour subventionner l'hôpital et secourir les indigents.

Quand elles fonctionnent, le nombre de ceux-ci diminue et les ouvriers malades se font soigner chez eux, heureux et fiers de ne pas figurer sur les listes du bureau de bienfaisance.

Le cadre de la Société de Secours mutuels est assez large pour y permettre l'introduction de diverses institutions accessoires, susceptibles d'augmenter ses bienfaits et son utilité, et parmi elles, les Caisses de retraite doivent être l'objet des préoccupations des travailleurs, de l'ouvrier qui songe à l'heure où les cheveux blanchissent, où les facultés baissent, et de la sollicitude de ceux qui s'intéressent au sort des classes laborieuses.

DES CAISSES DE RETRAITE

POUR LA VIEILLESSE

L'expérience a prouvé, en Angleterre, en Allemagne et en France, que les fondateurs des Sociétés de Secours mutuels se chargent d'un lourd fardeau en s'efforçant d'assurer des pensions de retraite à leurs sociétaires.

Aussi, ne pouvant agir seules, elles font appel soit à une puissante institution financière, soit à l'État, afin de sentir derrière elles de fortes réserves qui écarteront des éventualités pouvant constituer un véritable danger.

En France, c'est l'État qui vient en aide à

celles des Sociétés de secours mutuels approuvées, désireuses d'assurer des pensions à leurs membres, et cette assistance leur est donnée par la Caisse des retraites, gérée par l'État et placée sous sa garantie, en vertu des lois du 18 juin 1850, 12 juin 1861, 4 mai 1864, et 20 décembre 1872.

Elle a pour objet la constitution, au profit de toute personne de l'un et l'autre sexe, âgée de plus de trois ans, d'une rente payable jusqu'à son décès, à partir d'une année d'âge fixée, au choix du déposant, de 50 à 65 ans.

Elle permet :

A celui qui vit de son travail, de s'assurer, moyennant des versements successifs, une pension viagère pour ses vieux jours;

A celui qui, ayant atteint ou dépassé l'âge de 50 ans, peut réaliser un petit capital, de le transformer en une rente viagère;

Au père de famille, de mettre ses enfants à l'abri de tout événement pour la fin de leur carrière;

Aux enfans d'assurer des moyens d'existence à leurs vieux parents.

Enfin elle offre :

A ceux qui veulent récompenser d'anciens ser-viteurs, aux industriels et aux grandes compagnies qui cherchent à s'attacher leurs employés et agents et à stimuler leur zèle, un moyen d'atteindre leur but en garantissant à ceux-ci une pension de retraite.

Cette caisse reçoit des versements et sert des rentes viagères immédiates ou différées, à capital aliéné, c'est-à-dire à fonds perdus, ou à capital réservé. Dans le dernier cas, les versements sont remboursés, lors du décès du titulaire, à ses héritiers ou ayants droit.

Chaque versement doit être de cinq francs au moins par déposant, et le maximum de la rente à constituer sur une même tête est de 1,500 francs.

Les déposants à la *Caisse nationale des retraites* se préparent des avantages que les chiffres démontrent aisément.

Ainsi un ouvrier qui, de vingt ans à soi-xante, verserait à cette Caisse 30 francs par an, (soit moins de 10 centimes par jour), s'assurerait, à l'âge de soixante ans, une rente viagère de 365 francs et laisserait en outre à sa famille, après son décès, un capital de 1,200 francs, le capital réservé de ses épargnes.

Un grand nombre d'établissements, dotés de Sociétés de secours mutuels, ont recours à la Caisse des retraites pour arriver à pouvoir assurer à leurs participants une pension lorsqu'ils ont dépassé l'âge de cinquante ans, après avoir acquitté la cotisation statutaire, pendant un certain nombre d'années.

Il y a là pour le travailleur une garantie, une sécurité, dont le résultat tangible devrait lui être exposé souvent par ses chefs, désireux d'aider à la transformation, en rentiers viagers, des futurs mendiants, vagabonds en cheveux blancs, que la société recueillera dans ses hospices ou qu'elle sera peut-être obligée de nourrir dans les prisons.

Plusieurs propositions de lois ont été déposées à la Chambre, dans le but de créer des Caisses nationales de retraite pour les vieux ouvriers de l'industrie et de l'agriculture.

Ces propositions posent en principe l'obligation, pour tout ouvrier, de subir sur son salaire un prélèvement mensuel auquel pourrait s'ajouter pareil versement effectué par le patron et une subvention consentie par l'État.

Cette idée de retraite universelle pour tous les salariés présente un attrait qui flatte certains économistes, mais les moyens pratiques font défaut quand il s'agit de mettre ces projets en œuvre.

Tel ouvrier consentira à une retenue, tel autre ne voudra pas l'accepter et la cotisation personnelle *obligatoire* constituera pour lui une atteinte à sa liberté individuelle.

Quiconque connaît le travailleur sérieux, économe, sait qu'il est tout disposé à recevoir les bons conseils, et il faudrait s'efforcer de lui démontrer, surtout par le raisonnement, par l'exemple de résultats obtenus dans telle ou telle maison, qu'il a tout intérêt à souscrire à des combinaisons avantageuses pour les siens et pour lui.

Au lieu d'idées subversives, de rénovation sociale, on devrait lui présenter le tableau plein de promesses des institutions de prévoyance, lui faire connaître les avantages des

Sociétés de secours mutuels, sur lesquelles viennent se greffer les orphelinats, l'assistance aux veuves, le patronage des enfants, les écoles, les maisons de retraite pour les vieillards, et surtout les Caisses de retraite, qui mettront sa vieillesse à l'abri de la misère.

Une Maison de Retraite de Vieillards.

Quand il sera très pénétré de ces idées, quand il aura reconnu les bienfaits de la concorde, de l'association, quand il aura vu le vrai en face du faux, le prolétaire incrédule ne sera plus effrayé par la cotisation obligatoire et cherchera peut-être à créer lui-même une Caisse de retraite populaire subventionnée par l'Etat et alimentée par le patron.

Lorsque sa conviction sera faite, il acceptera volontiers une *loi* obligeant les chefs de maison à retenir 2 ou 3 0/0 sur son salaire, à la condition que ceux-ci versent une somme proportionnelle dans la Caisse de retraite populaire, l'État de son côté devant ajouter aux fonds qu'il aurait mission de recevoir une subvention dont la quotité serait déterminée par la loi.

Muni d'un livret d'une forme spéciale, le travailleur y ferait inscrire, dans toutes les maisons où il serait employé, les retenues effectuées par ses divers chefs d'établissements et, arrivé à l'âge de la retraite, il toucherait une rente proportionnelle aux économies ainsi réalisées, augmentées des sommes versées par les patrons et par l'État.

Les commerçants, les industriels, les entrepreneurs, tous ceux occupant un personnel quelconque, seraient dans l'obligation de tenir un registre de ces opérations et d'en verser le produit mensuel ou trimestriel dans les

Caisses de l'État en même temps, par exemple, que le montant de leur patente ou de leurs contributions.

Enfin il se trouverait certainement des personnes généreuses qui, par des dons, par des legs, voudraient donner un puissant concours à l'institution d'une semblable Caisse de retraite populaire, augmentant ainsi un capital dont le revenu s'accroîtrait au bénéfice des pensionnaires, et permettrait d'importantes réserves à utiliser par un conseil d'administration choisi parmi les représentants du pays.

L'épargne légale ainsi imposée aux salariés, n'aurait rien d'offensant pour eux et ils auraient la faculté de l'augmenter par des versements volontaires dûment mentionnés sur leurs livrets par les agents des caisses publiques, de façon à s'assurer une pension dont ils pourraient atteindre la limite maximum, en joignant aux retenues subies, les économies réalisées sur leur gain.

Grâce à la mutualité l'influence du hasard se trouve quelque peu atténuée en cas de maladie; l'institution des Caisses de retraite aidera à assurer des jours tranquilles au travailleur. Mais si une mort prématurée vient l'enlever à l'affection des siens, que deviendront la veuve, les enfants, dont il est le protecteur et le soutien?

L'ouvrier, l'employé, l'ingénieur, le producteur, le cerveau qui agissait venant à disparaître, qui donc viendra en aide à la famille isolée si son chef n'a pas songé à assurer, à sauvegarder son avenir?

L'assurance en cas de décès, que les hommes sérieux doivent élever à la hauteur d'un devoir impérieux, permettra au père, à l'époux de parer à une éventualité terrible par un contrat d'indemnité, garantissant les siens contre le dommage matériel, résultat trop fréquent de sa mort prématurée.

DES

ASSURANCES SUR LA VIE

L'épargne élevée à sa plus haute puissance, telle peut être la définition de l'assurance sur la vie.

Le travailleur n'a pas à penser seulement à se protéger contre les éventualités de l'avenir ou à chercher à augmenter une fortune qu'il léguera à ses enfants, il lui faut créer un capital qui soit à l'abri de tout événement fatal.

Mais le capital est le fils du travail. Pour le constituer il faut vivre, et l'artisan, l'employé de l'industrie, du commerce, de la finance, de la banque, de la bourse, le petit marchand, toute cette population d'hommes intelligents et actifs, peuvent être surpris par la mort en pleine prospérité, sans avoir eu le temps d'économiser sur des revenus parfois élevés.

Ils se sont mariés, multipliés, endossant la responsabilité de plusieurs vies précieuses sans songer que leur avoir se réduit à ces revenus, dont la source sera tarie le jour où ils disparaîtront.

S'ils veulent bien réfléchir ils ne manqueront pas de consacrer une partie de ces revenus à acquitter les primes d'assurances destinées à former un capital qui reviendra à leurs héritiers, quelle que soit le peu d'importance des sommes versées, s'ils viennent à mourir subitement.

Notre pays est arriéré en matière d'assurance et c'est méconnaître les sentiments de la famille que de ne point réagir contre une négligence dont les conséquences sont souvent funestes.

En Angleterre le rapport des assurés à la population générale est de 1 sur 48, aux Etats-

Unis il est de 1 sur 34, chez nous il n'est que de 1 sur 360.

Pourquoi ne suivons-nous pas ces exemples si frappants?

Pourquoi n'accomplissons-nous pas un acte de sagesse qui sera le talisman au moyen duquel nous aurons constitué d'un seul coup, et au jour de la signature du contrat, ce capital que l'épargne mettrait de nombreuses années à amasser?

Le père de famille en France ne voit pas le danger, il ne s'en préoccupe pas; mais, s'il a le droit d'être insouciant pour lui, il est de son devoir d'être prudent pour les autres.

L'homme sage et prévoyant peut économiser petit à petit, année par année, et arriver à constituer peu à peu une réserve destinée à continuer aux siens, après sa mort, l'aisance qu'il leur procurait pendant sa vie.

Mais par suite de circonstances particulières il est parfois tenté d'entamer ce fonds sacré, et, en outre, sa prévoyance risque d'être mise en défaut si la mort survient avant qu'un patrimoine ait été créé à ses enfants par des épargnes, subitement interrompues.

A cette éventualité redoutable il est important de pourvoir par l'assurance sur la vie, destinée à épargner, à la veuve et à l'orphelin, les amertumes et les humiliations de la pauvreté. Un léger sacrifice prélevé sur les dépenses ordinaires, sur les futilités surtout, permettrait de réaliser les économies en échange desquelles on achètera la sécurité, la tranquillité d'esprit.

C'est faire acte d'humanité que de plaider la cause de l'assurance sur la vie, source d'un capital constitué à l'aide de redevances, de primes annuelles, relativement minimes, temporaires ou viagères.

Un travailleur économe assure un capital de *mille* francs, payable entre les mains de ses héritiers, après son décès, s'il donne un sou par jour, en s'assurant à 30 ans, un sou et demi s'il s'est assuré à 40 ans, deux sous, s'il n'a contracté son assurance qu'à 50 ans.

Et s'il a pris soin d'assurer 2,000, 3,000 francs sur sa tête, il devient, au bout de quelques années, une valeur négociable.

Par suite d'un accident, de l'établissement d'un enfant, de la nécessité d'augmenter un petit matériel, du besoin d'un outillage nouveau, ou pour toute autre cause, il peut se trouver dans l'obligation de contracter un emprunt.

Avant son assurance il lui eût été difficile d'obtenir une avance.

Mais si sa mort, tardive ou prématurée, doit ouvrir une succession de 3,000 francs par exemple, la loi autorisant la cession, par acte authentique, d'une partie de cette somme, il se présentera sûrement un prêteur, certain d'être remboursé à la mort de l'emprunteur, si celui-ci n'a pu s'acquitter de sa dette pendant sa vie.

L'assurance sur la vie est un devoir, aussi bien pour le médecin, l'avocat, l'ingénieur, le négociant, que pour le petit fonctionnaire, l'employé, le contremaître, l'ouvrier, qui trouvent, les uns et les autres, dans le produit de leur travail, les ressources nécessaires pour élever leurs familles et leur procurer le bien-être.

Toute éventualité de gêne ou de misère pour les siens, venant à disparaître, le père de famille envisage avec calme, considère sans

effroi, un avenir qu'il a su sauvegarder contre
les conséquences d'un accident, d'une catas-
trophe imprévue.

L'assurance se manifeste sous mille formes
et, derrière son mécanisme ingénieux, at-
trayant même, qui se prête à des applications
si diverses, il y a un principe d'ordre économique et moral dont la recherche et la
détermination doivent frapper le père, l'époux,
le tuteur, chargés d'assurer l'existence de ces
êtres faibles dont ils ont charge, qui peuvent
être plongés subitement dans la misère, en cas
de mort subite ou prématurée de leur seul,
de leur unique appui. Leur mémoire restera
d'autant plus vivante dans le cœur de la veuve
et de l'orphelin qu'aux regrets qu'ils éprou-
veront de la perte de l'époux et du père, viendra s'ajouter un immense sentiment de recon-
naissance envers le chef de famille prévoyant.

L'assurance est une arme puissante donnée
à l'homme pour dominer le hasard, un sti-
mulant de l'épargne et du travail, l'expression
de la solidarité humaine basée sur le dévouement et l'esprit de famille dont elle assure la
sécurité.

Ce mode d'épargne rend d'incontestables services parce que les caractères faibles, les

Souvenir de la veuve et de l'orphelin à l'époux et au père prévoyant.

volontés chancelantes, ne peuvent se soustraire à l'obligation du paiement des primes, dont le montant pourrait être distrait de sa destination, si le contractant n'était lié par un contrat, exécutoire sous peine de déchéance.

La sagesse consiste à éviter le mal par

toutes les précautions possibles, et, lorsqu'i
est inévitable à en assurer la réparation.

C'est là un des principes de l'assurance su
la vie dont la théorie philosophique est l
création par l'épargne d'un patrimoine pou
tous, même pour les plus déshérités.

DES CAISSES D'ÉPARGNE

L'épargne permet donc à l'homme, non seulement de travailler à améliorer sa situation à l'aide des sociétés de secours mutuels et de prévoyance, mais aussi d'assurer son avenir et celui de sa famille, grâce aux Caisses de retraite pour la vieillesse et aux Compagnies d'assurances.

Aussi faut-il s'habituer à l'épargne dès l'enfance, car économiser c'est régler sa vie.

Un sou épargné peut être le commencement d'une vie d'ordre et de prospérité, et afin d'engager les jeunes élèves de nos écoles à réaliser de petites économies qu'ils seront heureux de retrouver plus tard, avec les intérêts, on a institué pour eux *la Caisse d'épargne scolaire.*

Lorsque l'élève a mis vingt sous à la Caisse d'épargne scolaire, l'instituteur qui agit pour l'enfant, dont il tient la modeste caisse et la petite comptabilité, se fait son intermédiaire vis-à-vis de la grande Caisse d'épargne à laquelle il verse le franc économisé au nom de l'élève, auquel on remet un livret de déposant.

Le développement des Caisses d'épargne scolaires a pris rapidement des proportions inespérées et amènera chez les enfants cet esprit d'économie qu'il est nécessaire de propager, d'encourager et de favoriser.

En janvier 1885 la France comptait vingt-trois mille deux cent vingt-deux (23,222) écoles munies de Caisses d'épargne scolaires, avec quatre cent quatre vingt-huit mille six cent vingt-quatre (488,624), près d'un demi-million, d'écoliers épargnants.

Ces résultats merveilleux ont été obtenus depuis 1874, c'est-à-dire en onze années seulement; c'est un succès sans précédent dans les annales de nos progrès sociaux et aussi sans égal parmi les nations civilisées nos émules.

C'est par le travail et par l'épargne que la richesse se crée, se conserve et s'accroît dans les sociétés humaines; les Caisses d'épargne scolaires sont le vestibule de la Caisse d'épargne qui ne se contente pas de recevoir l'argent de ses déposants, mais le fait valoir, les sommes versées s'augmentant chaque année, d'un intérêt de 3 fr., 3 fr. 25, 3 fr. 50 0/0.

Les livrets sont délivrés gratuitement aux personnes désireuses de placer leurs économies et de les faire fructifier.

Les formalités pour le retrait des sommes partielles dont le titulaire demande le remboursement sont des plus simples et, dans le cas où son crédit est de somme suffisante pour acheter 10 francs de rente au moins, il peut obtenir, sur sa demande, par l'intermédiaire de la Caisse d'épargne et sans frais, une inscription de rente sur le Grand-Livre de la Dette publique.

Lorsque, par suite du règlement annuel

des intérèts, un compte excède la somme de 2,000 francs, maximum de dépôt accepté par la Caisse d'épargne, celle-ci achète, au nom des déposants, et sans frais, 20 francs de rente de la dette inscrite.

Si un déposant désire disposer d'une partie quelconque de son avoir pour en placer le montant à la Caisse des retraites pour la vieillesse, la Caisse d'épargne lui sert d'intermédiaire.

Ce genre de placement tendant à augmenser sensiblement chaque année dénote, chez ceux qui font ces opérations, un esprit de prévoyance que la Caisse d'épargne a su leur inspirer et c'est là un progrès dont les hommes généreux et éclairés qui dirigent cette institution doivent se féliciter.

Leur but est de démontrer combien l'esprit de l'épargne est utile à nos populations laborieuses; leurs pensées les ramènent sans cesse à rechercher les meilleurs moyens pour l'encourager et le développer.

Un Français, Hugues DELESTRE, docteur en droit, conseiller du roi et lieutenant civil au siège de Langres, avait, dès 1611,

exposé dans un mémoire, le plan d'une
« Caisse destinée à recueillir et à faire fructifier les économies des travailleurs », mais
ce fut seulement en mai 1818 que, sur l'initiative de Benjamin Delessert, la première
Caisse d'épargne fonctionna régulièrement en
France.

Cette œuvre bienfaisante et moralisatrice
des Caisses d'épargne a pris depuis une
rapide extension et provoque les dévouements
et les sentiments généreux d'hommes qui,
en sachant la maintenir estimée et honorée,
ont fait apprécier à la classe des travailleurs,
leur principale clientèle, les avantages et les
bienfaits de cette précieuse institution, base
de l'économie, source de ressources certaines
et honorables pour l'avenir.

M. de Malarce, dans le *Dictionnaire de
pédagogie* en énumère ainsi les quatre vertus
cardinales :

1° Facilité pour l'ouvrier de mettre aisément
à l'abri, en les sauvant du gaspillage journalier, les menues sommes dont il peut se former une réserve pour des besoins sérieux
plus éloignés ;

2° Sûreté du dépôt;

3° Fructification de l'épargne qui produit par là de l'argent comme le fait le travail;

4° Retrait toujours possible des sommes épargnées.

« Dans son bienfait économique et moral, la Caisse d'épargne stimule l'ouvrier à faire des économies, c'est-à-dire, à maintenir ses dépenses au-dessous de ses recettes, à vivre laborieux, sobre, rangé, dans une pensée de sage prévoyance.

» L'ouvrier apprend ainsi à régler sa vie, en ordonnant sa dépense, en aménageant ses ressources. Ce n'est point là le sentiment égoïste, aveugle et bas de l'avare, mais au contraire un sentiment élevé, éclairé, et qui naît d'un louable respect de soi et souvent aussi du dévouement ; c'est le citoyen qui veut suffire lui-même à son existence sans tomber à la charge de la société; c'est le travailleur qui aspire à améliorer sa condition par le travail et l'ordre, par la vertu; c'est le père de famille qui s'efforce, par affection autant que par devoir, d'assurer le bien-être de sa famille et d'accroître ce bien-être.

» La Caisse d'épargne aide l'ouvrier à éviter les dépenses inutiles, malsaines ou immorales ; par là l'ouvrier ne sauve pas seulement son argent, mais il se sauve lui-même du désordre, de la débauche, et de ce qui s'ensuit, misère, vice, et peut-être crime. On a constaté, en effet, dans les établissements pénitentiaires, qu'un très petit nombre de détenus avaient des livrets de caisse d'épargne.

» L'exercice habituel de l'économie, par raison de sage prévoyance, la résistance habituelle à des attraits plus futiles ou nuisibles, constitue une gymnastique morale qui fortifie la volonté, grandit l'énergie, forme le caractère, et rend l'homme capable de plus d'efforts pour le travail, pour la conduite de sa vie, pour la bonne et sage direction de sa fortune et de sa famille.

» Les petites sommes sauvées par la Caisse d'épargne forment par leur accumulation un précieux capital, et ce capital, ainsi créé, est toujours à la disposition du déposant, qui peut à sa volonté le retirer pour en faire emploi, soit pour parer à un chômage, ou à quelque autre dépense accidentelle ; soit pour subvenir à une dépense prévue importante, loyer, vêture, approvisionnements d'hiver, fonds d'un petit établissement industriel; soit enfin pour placer le capital en une petite propriété ou en des valeurs publiques plus productives que ne peut l'être le placement des petites économies naissantes à la Caisse d'épargne.

» On le voit, la Caisse d'épargne n'est pas une banque, une banque faisant valoir des capitaux, mais un réservoir où s'amassent des gouttelettes pour former un capital; aussitôt que le capital est formé, l'épargnant doit le retirer, et il le retire en réalité, de la Caisse d'épargne, pour l'utiliser lui-même.

» Ainsi, la Caisse d'épargne ne fait pas concurrence aux banques ordinaires, ni même à aucune des autres institutions de prévoyance. Bien au contraire: elle est l'usine où s'élabore la matière première des banques et des institutions de prévoyance.

» Et ce n'est pas seulement le capital qui est ainsi créé, mais l'ouvrier économe fait là son éducation de capitaliste et d'administrateur, en s'initiant aux pratiques de la vie économique sagement réglée, à la comptabilité par le livret, qui apprend à l'homme à se rendre compte de ses actes jour par jour; en se familiarisant avec les placements de tout repos, avec les rentes d'État par la faculté dont jouit tout déposant de faire transformer sans frais et sans embarras son dépôt en titres de rente; en s'éclairant enfin sur les conditions essentielles de toute institution de prévoyance; de telle sorte qu'on a pu dire que la Caisse d'épargne est l'école primaire de l'ouvrier dans la vie économique. »

LE CAPITAL

L'épargne sert enfin à constituer *le capital*, que l'on peut définir, *un ensemble d'économies accumulées*.

Supposons en effet un ouvrier habile, un employé intelligent, gagnant huit francs par jour et économisant deux francs.

Au bout de l'année le travailleur sera possesseur d'un petit capital d'environ sept cents francs, qui sera augmenté des intérêts, s'il a eu soin de verser mensuellement sa modeste réserve à la Caisse d'épargne.

Ce capital peut se transformer en un *capital fixe* ou en un *capital circulant*.

Il sera fixe, si l'ouvrier l'a consacré à

l'achat d'une machine destinée à diminuer la somme du travail qu'il doit fournir pour obtenir des résultats pratiques, plus prompts et plus rémunérateurs, grâce à l'emploi d'un outil perfectionné.

Il sera circulant, et représentera un fonds de roulement, pour l'employé qui aura monté une petite maison, en utilisant le fruit de ses économies à se procurer des marchandises qu'il écoulera avec un certain bénéfice.

Le médecin, l'avocat, le professeur, possèdent un *capital intellectuel* dont ils tirent un revenu en donnant leurs soins, leurs conseils, leurs leçons à leurs semblables; l'ingénieur utilise le capital acquis à la suite d'études spéciales, par la conception de plans et de devis dont il confie l'exécution au contremaître, qui a conquis, lui aussi, son capital dans les écoles des arts et métiers ou à l'atelier.

Il y a donc différentes sortes de capitaux, et nous devons nous efforcer de bien faire comprendre au véritable ouvrier que l'appoint de son travail et de ses aptitudes particulières est nécessaire à la formation du capital traité souvent en ennemi, quoiqu'il soit indispensable à l'exécution des grandes entreprises, des travaux importants, dont le salarié est le premier à profiter.

Le capital, a dit Frédéric Passy, c'est l'arbre qui donne des fruits et n'est bon qu'à brûler, s'il n'en donne plus. C'est le champ qui porte des récoltes; c'est la charrue qui ouvre le sein de la terre ; c'est le grain que le laboureur confie à cette terre pour qu'elle le lui rende l'année suivante avec accroissement ; c'est tout ce qui, sur les résultats d'un travail produit, a été réservé pour rendre plus facile et plus fructueuse une production nouvelle.

Le capital, pour emprunter encore une image à Bastiat, c'est le blé du travail. C'est le fleuve où le salaire se puise et le travail en est la source.

Tantôt le travail, en quête d'instruments ou d'avances, va les demander au capital qu'il prend à son service et qu'il rémunère : c'est l'*intérêt*. Tantôt le capital, en quête du travail, pour ne pas demeurer stérile, l'utilise et le paie, c'est le *salaire*.

En réalité, le capital et le travail, représentés parfois comme des ennemis et des adversaires, sont deux auxiliaires, deux facteurs d'une même œuvre. Le capital est le produit net du travail d'hier, comme le travail d'aujourd'hui est le germe du capital de demain.

Ce capital, qui court des risques, subit des pertes, est exposé aux dangers de l'imprévu de l'avenir, ne doit son existence qu'à l'accumulation du travail et, sans son aide, la production de l'ouvrier, abandonné à lui-même, serait insuffisante pour mener à bien des travaux importants et compliqués.

N'est-ce pas un des bienfaits du capital de permettre d'entreprendre et de continuer pendant des années, des travaux dont le bénéfice pour les capitalistes ne se manifestera que dans un avenir éloigné?

Le percement de l'isthme de Suez, par exemple, a été accompli à l'aide de capitaux fournis par l'épargne française au grand profit de notre commerce d'exportation dont les navires, pour se rendre aux Indes, descendent aujourd'hui la Méditerranée jusqu'à la mer

Rouge pour arriver ensuite directement dans la mer des Indes, par le canal de Suez.

Avant le creusement de l'isthme il fallait, pour s'y rendre, faire le tour de l'Afrique, en contournant le cap de Bonne-Espérance, tandis que le canal abrège la route des Indes de quatre mille lieues pour des villes du bassin de la Méditerranée, et de trois mille pour celles du bassin des mers de l'Europe.

Le Canal de Suez.

Ce travail énorme, car il a fallu enlever soixante-quatorze millions de mètres cubes de terre, de sable ou de vase pour le terminer, a nécessité l'immobilisation d'un capital considérable qu'il a fallu trouver en créant, sous la direction de l'auteur du projet « M. Ferdinand de Lesseps », une compagnie française à laquelle une quantité de capitalistes sont venus apporter leurs fonds, destinés à fructifier plus tard.

Et qui a profité de l'accumulation de toutes ces économies, de ce capital indispensable à l'exécution du grand projet?

Le négociant certainement, dont les frais de transport sont moins élevés; l'armateur, dont les navires peuvent multiplier leurs voyages par la diminution du parcours; le capitaliste qui a fait un placement avantageux par suite de l'obligation imposée aux vaisseaux qui traversent l'isthme, d'avoir à acquitter un droit de passage dont le produit sert à payer l'intérêt de l'argent avancé.

Mais n'est-ce point le travailleur qui a, le premier, recueilli le fruit de cette gigantesque entreprise?

Il a fallu creuser d'abord un canal d'eau douce, pour alimenter d'eau potable les ouvriers utilisés ensuite à la construction des habitations qui devaient les loger eux, les ingénieurs, les entrepreneurs, les employés et leurs familles.

Puis on a installé des machines à vapeur en grand nombre, pour suffire à tous les besoins de cette immense exploitation nécessitant le concours d'un personnel largement rétribué, n'ayant pas occasion de faire de grosses dépenses et réalisant des économies destinées à garantir la vieillesse du travailleur, à assurer le sort des siens, ou à reformer un nouveau capital.

Ce capital, qui alimente le travail, a donc servi tout d'abord à payer les salaires du terrassier, du maçon, du mécanicien, du chauffeur, des commis, du surveillant et, s'il n'avait pas existé, notre patrie ne pourrait revendiquer l'honneur d'avoir ouvert la route des Indes, tout en procurant un débouché nouveau à l'activité de ses enfants.

Cette entreprise a été, grâce au capital, le commencement de la fortune pour un grand nombre de travailleurs libres, fiers de leur œuvre qui les a aidés à conquérir l'indépendance.

La puissance et la nécessité du capital peuvent être démontrées aux ouvriers en leur signalant des travaux gigantesques du même genre : le percement du mont Cenis, entre autres, qui est un fait accompli, et permet à un chemin de fer de traverser les Alpes en un quart d'heure sous un tunnel de 12 kilomètres, reliant la France à l'Italie.

Nous verrons tomber d'autres barrières qui séparent les peuples, et la science, en répandant les idées de travail, de justice et de fraternité, nous aidera à unir par les liens de la concorde tous ceux qui concourent à l'œuvre commune.

Ces vastes projets dont la conception a nécessité l'effort de la pensée chez les uns, les études spéciales chez les autres, afin d'arriver à leur accomplissement par la préparation et la division du travail, donnent des résultats dont le profit immédiat fait vivre tous les coopérateurs, sur le capital, jusqu'à ce qu'il puisse produire lui-même.

Que deviendrait l'Industrie sans le Capital?

Ne faut-il pas acheter les matières premières et payer d'abord le travail du mineur qui extrait et fournit le minerai ou le charbon?

La transformation qui s'opère ensuite dans les forges ou les hauts fourneaux exige encore des avances considérables, et, quand la matière est arrivée à l'usine dans un état de pureté suffisant, il faut lui donner la forme qui lui convient, l'approprier aux divers usages auxquels elle est destinée, la travailler à l'aide d'outils perfectionnés, d'une valeur élevée.

Cet outillage a encore été obtenu à l'aide de ce capital immobilisé pendant toute cette période, parfois longtemps improductif, en présence du crédit qu'il est nécessaire d'accorder, et qui ne se reconstituera que pour produire encore, ne laissant généralement qu'un mince bénéfice au capitaliste, exposé souvent à un résultat négatif ou à des pertes.

PATRONS ET OUVRIERS

Une exploitation de quelque nature qu'elle soit, si bien dirigée qu'elle ait été, peut donc donner en fin d'exercice, des pertes, subies toujours par le patron, et dont l'ouvrier paraît se préoccuper fort peu dans ses revendications et ses plaintes.

Et pourtant il réclame fréquemment des augmentations de salaire que le patron se trouve dans l'obligation de refuser, parce que la concurrence est si grande aujourd'hui, qu'il faut réaliser des miracles d'ordre, d'économie, d'organisation, pour arriver à payer son personnel, à couvrir ses frais généraux et à faire honneur à ses engagements.

Le véritable ouvrier sent, comprend cette situation difficile, et s'efforce d'apporter à l'entreprise à laquelle il participe, l'appoint de son travail, de ses aptitudes spéciales, de façon à la faire prospérer, sentant bien qu'une fois l'atelier fermé, il se trouvera sans ouvrage pendant un temps indéterminé, et sans ressources pour subvenir à ses besoins et à ceux de sa famille.

Il n'ignore pas que l'élévation continue des salaires aura pour conséquence inévitable le renchérissement du prix de toutes choses, devant fatalement amener l'augmentation de ses dépenses.

En admettant même que le patron subisse momentanément des exigences déraisonnables, il ne tardera pas à voir ses intérêts compromis par la concurrence étrangère qui paie moins cher et, s'il ne ferme ses chantiers, il sera obligé à des chômages fréquents qui diminueront d'autant le gain de l'ouvrier.

Il faudrait bien faire comprendre à celui-ci, que si le patron ne peut rien sans l'ouvrier, l'ouvrier ne peut rien non plus sans le patron, et opposer la force de la raison et de la vérité, aux déclamations de ces tristes ambitieux qui se font les flatteurs des masses afin de capter les suffrages populaires.

Au lieu de propager les craintes et les haines, il serait utile et sage de ramener la confiance, de gagner les cœurs, en traçant le tableau des bienfaits de l'*Association*, en éveillant l'attention des travailleurs sur la série des réformes pacifiques susceptibles d'améliorer leur sort.

La recherche de la solution du problème de la vie à bon marché, d'accord avec les patrons, vaudra mieux que l'organisation d'une ligue contre eux et contre le capital.

*
* *

Ce n'est pas en demandant constamment la réduction des heures de travail, en même temps que des augmentations de salaire, qu'on aidera les patrons à faire renaître cette activité qui s'éteint, peu à peu, sous l'étreinte de la concurrence étrangère.

L'ouvrier laborieux parvient presque toujours à se créer une situation indépendante et arrive parfois à une modeste aisance s'il est persévérant.

Le patron, avec les exigences actuelles, et

L'ouvrier laborieux.

les tendances de certains ouvriers poussés à lui poser des conditions extravagantes, ne réussit pas toujours à conserver intact le capital qu'il engage dans les affaires.

Qu'il le perde complètement, ou qu'il en retire à temps la partie qu'il réussit à sauver d'un désastre, il n'en sera pas moins réduit, dans les deux cas, à fermer ses ateliers et à contraindre à un chômage plus ou moins prolongé, le bon comme le mauvais ouvrier.

L'amélioration incessante de la condition morale, intellectuelle et matérielle des classes laborieuses mérite de tenir le premier rang dans la sollicitude du législateur ; mais il ne faut pas oublier que la solution des problèmes sociaux réside, avant tout, dans le développement de l'initiative individuelle et que le travailleur doit solliciter le concours des hommes éclairés, compétents, afin de rechercher avec eux, par l'examen et l'observation des faits, les remèdes propres à rendre sa situation meilleure sans nuire aux intérêts de ses patrons.

*
* *

Les meneurs du parti ouvrier se soucieraient fort peu de provoquer des congrès formés avec des éléments sensés et raisonnables, car ils ne pourraient, dans les débats de ces assemblées, répéter à satiété les mêmes lieux communs, les mêmes déclamations, dont la violence ne compense pas la monotonie.

Ils tiennent médiocrement, ceux-là, à voir les vrais travailleurs obtenir des salaires élevés parce que, s'ils avaient satisfaction, leurs tirades, auxquelles on prête heureusement peu d'attention, risqueraient de n'être plus débitées que devant quelques comparses, convaincus qu'ils ont contribué à l'anéantissement prochain de la bourgeoisie en votant la suppression des *Employeurs* et la destruction de la *société Capitaliste*.

Et de quoi se compose le plus souvent cette minorité tyrannique qui s'en va au meeting dans le seul but de jeter partout la haine et la division ?

Du rebut de tous les ateliers, du vomissement de tous les mauvais lieux, de l'aristocratie de tous les bouges, de tous les vices, de toutes les paresses, de toutes les lâchetés.

L'ouvrier, réellement digne de ce nom, répudie ces hommes qui n'ont été que de mauvais ouvriers, s'ils ont travaillé jamais, et il ne s'associe point à ces fainéants sourds à tous les sentiments honnêtes, envieux, jaloux, *vrognes, sans esprit de famille, dont la principale occupation consiste à demander l'abolition de tout pouvoir et le partage du capital.*

Le mauvais ouvrier.

Il est facile de combattre ces théories malsaines en répandant à profusion des idées justes et morales sur ces phénomènes du capital, du travail, du salaire, de l'association, liés les uns aux autres, et dont l'étude constitue la véritable économie politique.

Il importe à la prospérité des classes peu fortunées et à l'avenir du pays, disait l'éminent jurisconsulte Rossi en 1840, de joindre à l'éducation du peuple quelques notions élémentaires d'économie nationale. Il importe d'expliquer nettement aux enfants des classes laborieuses, la nature et la variation des salaires, l'origine et l'action des capitaux, le danger de les perdre, le moyen de les employer utilement, les ressources qu'offre l'association, soit pour accroître la puissance productive du travail, soit pour diminuer les dépenses iudividuelles et donner plus de développement au principe si fécond des institutions de prévoyance.

Savez-vous ce que c'est que l'économie politique ? a dit encore Jules Simon.

C'est la science du bon sens.

Elle vous montrera d'abord où est votre intérêt; c'est un premier service. Ensuite elle vous apprendra à ne pas le mettre là où il n'est pas, et c'est un service peut-être aussi grand.

Démontrons aux travailleurs que le travail est la source de la richesse, mais que le

ravail inintelligent, aveugle, suffit à peine à
eur entretien, tandis que le travail intelligent,
éclairé par les connaissances scientifiques, en
multiplie les résultats, non seulement au point
de vue du bien-être personnel de l'ouvrier mais
au point de vue de la richesse générale et de
la prospérité du pays.

*
* *

Encourageons donc le travail qui féconde
le capital et respectons le capital qui alimente
le travail.

Prouvons aux salariés par des exemples
typiques, que la rétribution légitime des
services que nous rendons à l'humanité représente, pour tous, le prix de travaux différents
exécutés sous des formes diverses par l'ouvrier
à l'atelier, par le cultivateur aux champs,
par l'ingénieur sur les chantiers, par le
fonctionnaire dans son bureau, par l'avocat
dont les conseils se paient comme les soins
et les visites du médecin.

Ils cesseront alors de considérer le salaire

comme une dégradation, comme une forme de l'esclavage et reconnaîtront que le capital est leur allié indispensable, la force qui leur permet de subsister, et fait vivre la société.

La nécessité de l'union du salaire et du capital bien comprise de l'ouvrier, il cherchera de lui-même l'association avec le patron en revendiquant, sur les résultats obtenus, une part proportionnelle, c'est-à-dire une *participation dans les bénéfices*.

DE LA PARTICIPATION

AUX BÉNÉFICES

Ce système, objectif des sociétés modernes, trouve dans son application des difficultés qui tendront peu à peu à disparaître, quand l'accord entre les patrons et les ouvriers, les employeurs et les employés, sera bien établi.

Le travailleur, pénétré de l'importance du capital, connaissant le mécanisme de ses différentes transformations, multipliera ses efforts pour augmenter la force de production de la maison qui l'emploie, s'il est associé dans les bénéfices.

La participation n'a pas pour seul résultat

de diminuer les prix de revient de l'objet fabriqué et de stimuler le zèle de l'ouvrier; elle produit, en outre, entre celui-ci et le patron des rapports de cordialité et de dévouement, de confiance et de solidarité, dont les effets moraux et matériels ont un caractère des plus intéressants et des plus rassurants au point de vue social.

L'attribution, dans la répartition des bénéfices d'une part proportionnelle, d'autant plus élevée que les services rendus sont plus considérables et les profits plus grands, relèvera le travailleur à ses propres yeux, en le mettant au niveau même du patron, dont il devient le collaborateur et l'associé.

Il est des maisons dans lesquelles le personnel reçoit chaque année des médailles, des prix en argent, des livrets de Caisse d'épargne. Qu'on remplace ces récompenses par des parts d'association, patrons et ouvriers ne pourront qu'y gagner.

Les chefs et les directeurs d'entreprises commerciales et industrielles qui ont appliqué, dans leurs magasins ou leurs usines, le système de la participation aux bénéfices, ont généralement obtenu des résultats pratiques dont ils ont été les premiers à profiter.

L'ouvrier intéressé dans les bénéfices sait que sa manière de travailler et les économies qu'il fera réaliser, auront pour lui-même des conséquences favorables.

Il prend son ouvrage plus à cœur, fait vite et bien, veille à ce que la matière première ne soit pas gaspillée, et aide à la prospérité de la maison tout en servant ses propres intérêts.

Les revendications bruyantes contre l'*infâme capital* deviendront de plus en plus rares, si le patron réussit à s'attacher l'ouvrier.

Leur union bien cimentée amènera la suppression des conflits et des grèves et leur accord leur permettra d'établir et de rechercher, ensemble, les moyens les plus propres à concilier leurs intérêts communs.

*
* *

L'efficacité de l'*Association* est diversement discutée, et certains économistes découvrent

5

et signalent dans ce système de graves inconvénients.

Il en existe certainement, aussi devons-nous
rechercher, parmi les différents modes d'association, quel est le plus susceptible d'être
adopté.

Or, l'étude des diverses méthodes de participation du personnel, dans les bénéfices de
'entreprise, semble devoir donner des résultats pratiques destinés à améliorer le sort et
les idées des masses.

Il ne faudrait pas toutefois entreprendre
une propagande systématique en faveur d'une
opinion préconçue.

Il est nécessaire au contraire de faire appel
aux hommes compétents, chacun dans leur
métier, parce que ce qui convient à telle
ou telle industrie, peut être d'une application insurmontable dans tel ou tel établissement.

Ce qu'il faut rechercher, ce sont les améliorations à apporter dans les rapports du
capital et du travail en expérimentant, selon
la nature des entreprises, les méthodes basées
sur la justice et le droit, qui donneront satis-

faction au participant, et sauvegarderont les intérêts de l'industriel, du commerçant, directeur de l'exploitation.

Le principe de la participation étant admis, nous sommes d'avis, sans chercher à imposer notre opinion, qu'il est sage de capitaliser une partie des bénéfices qu'elle procure, de façon à créer au profit de chaque participant des ressources pour l'avenir.

Si l'emploi judicieux des sommes revenant à l'ouvrier permet de lui garantir le pain de ses vieux jours, de lui servir une pension de retraite, de lui assurer un petit patrimoine, ne s'efforcera-t-il pas de maintenir et sauvegarder les intérêts du patron, heureux de trouver, dans un concours ardent, les éléments de sécurité, de tranquillité, de succès, qui contribueront à assurer sa prospérité?

Dans un grand nombre de Sociétés industrielles et commerciales, on applique avec raison la participation aux bénéfices, parce que l'élévation illimitée des salaires n'amène aucun bien-être; elle provoque au contraire le renchérissement de toutes choses, et le

salarié largement payé, n'économise pas plus
que s'il était modestement rétribué.

Mais, si au lieu de recevoir à la semaine,
ou par quinzaine, une paie utilisée pour ses
besoins journaliers, il encaisse d'un seul coup,
lors du règlement des bénéfices, une somme
relativement importante, il songe à devenir,
lui aussi, un capitaliste.

Il fait un placement, il éprouve le besoin
de l'épargne, il thésaurise.

Envisageant l'avenir avec un sentiment
plus profond de sécurité, il devient meilleur,
plus conciliant, plus travailleur, plus assidu,
plus dévoué.

Les dépôts obligatoires le stimulent, le
poussent à augmenter ses économies par des
épargnes volontaires, à limiter ses jouissances
pour améliorer son sort.

Rendu plus libre et plus indépendant, il se
sent grandi dans son état social et se considère comme solidaire des intérêts du patron
dont il est devenu l'associé.

D'un autre côté, celui-ci est dédommagé de
l'abandon d'une part de ses bénéfices par
l'augmentation du profit résultant d'une régu-

larité plus grande dans le travail, d'économies réalisées sur l'achat des matières premières, sur la fabrication, sur la production.

C'est en France qu'ont été faits dès 1842, par M. Leclaire, entrepreneur de peinture à Paris, les premiers essais de participation du personnel aux bénéfices de l'entreprise. L'année suivante M. Laroche-Joubert, député de la Charente, directeur de la papeterie coopérative d'Angoulême, suivait cet exemple et, en 1844, sur l'initiative de M. François Bartholony, la Compagnie du Chemin de fer d'Orléans inscrivait, dans ses statuts, une disposition relative à ce système.

Vers 1850, la Compagnie d'Assurances générales entrait dans la même voie sous l'énergique impulsion de M. A. de Courcy qui est, avec M. Charles Robert, l'un des plus ardents promoteurs de la participation.

Grâce à leur active propagande, ils sont parvenus à convaincre un grand nombre de chefs d'industrie et l'on en compte aujourd'hui en France, de 75 à 80, associant leur personnel aux bénéfices.

Parmi ceux-ci il convient de citer particulièrement la maison Chaix qui, de 1872 à 1883, a prélevé sur les bénéfices une somme de 719,589 fr. 90 c., distribuée aux participants, partie en espèces, partie en titres représentant des primes d'assurances sur la vie ou des versements pour leur compte à la Caisse des retraites sur l'Etat.

Le mode de répartition est extrêmement variable suivant la nature des industries, l'importance des bénéfices que l'on obtient, le nombre de participants, etc. La maison Chaix distribue 15 0/0 de ses bénéfices, la maison Leclaire 75 0/0, la Compagnie de Touage de la Haute-Seine 10 0/0, la Compagnie d'Assurances générales, l'Union 5 0/0, mais il faut considérer le principe seulement et non le *quantum*, variable suivant le nombre des intéressés et qui, faible en apparence dans une entreprise où le personnel est restreint, donne une part beaucoup plus élevée pour un coefficient moins fort, appliqué à une grande quantité d'ouvriers.

La Société anonyme des Anciens Établissements Cail, le Creusot, la Compagnie des

Chemins de fer d'Orléans, la Fonderie Piat procèdent autrement que le Bon Marché, l'Urbaine, la France, la Compagnie du Gaz, la Papeterie Mame, la Librairie Colin et Cie, etc., et chacune de ces maisons applique, suivant la nature de son entreprise, un système spécial dont le fonctionnement doit être aussi simple que possible afin d'assurer la régularité de ses opérations sans gros travail administratif.

Un règlement communiqué au personnel, lui fera connaître les conditions à remplir pour être admis à participer aux bénéfices de l'entreprise, attribuant par exemple, un certain nombre de parts à ses collaborateurs.

Ceux-ci ne sont intéressés qu'après une, deux, trois années de services, dans une proportion qui varie, suivant la nature de leur emploi.

Ils savent qu'ils sont appelés à voir le nombre de leurs parts s'élever au fur et à mesure de leur avancement : le chef d'équipe pouvant devenir contremaître, le commis être nommé employé supérieur.

Cette part de bénéfices relèvera le niveau moral de l'ouvrier en lui apprenant l'économie et la tempérance et deviendra une source de bien-être pour son intérieur, en même temps qu'elle sera un acheminement vers la solution de la question sociale.

Une somme d'une certaine importance arrivant chaque année, à l'époque de l'inventaire, dans le ménage de l'ouvrier, lui permettra de faire face aux obligations contractées, de satisfaire aux besoins de sa famille, de constituer l'épargne nécessaire à l'éducation de ses enfants et si le vieux père, vétéran du travail, a su garantir lui-même son existence par une assurance sur la vie ou des versements à la caisse des retraites, produisant une rente viagère, l'exemple de cet intérieur heureux démontrera, avec évidence, la possibilité de l'emancipation définitive des travailleurs.

Avec sa paie hebdomadaire ou bi-mensuelle il couvrira ses dépenses journalières, pour employer ses ressources extraordinaires à l'augmentation de son petit capital et, à l'aide des institutions de prévoyance dont il aura saisi le jeu et reconnu l'utilité, il saura sauvegarder et assurer son avenir et celui de tous les siens.

L'ouvrier, ou l'employé, n'étant plus un mercenaire, mais un collaborateur intéressé, met tous ses soins à son ouvrage, apporte plus de zèle à son travail ; il est plus attentif

Le ménage de l'ouvrier laborieux, économe
et prévoyant.

à éviter le coulage, il s'efforce de produire davantage, parce qu'il n'ignore pas que, si le bénéfice du patron est augmenté, le sien le sera dans la même proportion.

D'un autre côté, le lien puissant de l'intérêt commun donnera au directeur plus d'autorité pour agir énergiquement, au nom de tous les participants, contre le moindre acte qui porterait atteinte au bien de la communauté, et l'ensemble des travailleurs l'appuiera avec force dans l'accomplissement de ce devoir.

Les ouvriers auxquels on accordera une part des bénéfices se refuseront à faire partie des Sociétés anarchistes et communistes; le patron sera sauvegardé contre les revendications injustes ou les grèves, et la prospérité de ses affaires lui montrera qu'il profite le premier de cette institution humanitaire.

En cas de crise industrielle, ses collaborateurs seront mieux disposés à son égard que ne le sont ordinairement les ouvriers non intéressés dans l'entreprise.

S'il y a chômage forcé, les épargnes accumulées permettront aux travailleurs de rechercher dans un autre centre manufacturier une nouvelle position, et les aideront à subvenir aux besoins de leurs familles, en attendant une reprise des travaux.

Enfin la participation aux bénéfices est une

des questions auxquelles les ouvriers ne doivent pas rester étrangers, elle développe leur éducation économique et contribue à chasser les idées fausses et à éteindre l'esprit d'antagonisme de l'ouvrier vis-à-vis du patron.

L'ASSOCIATION

L'apaisement, par le partage des bénéfices, de l'antagonisme entre le capital et le travail, sera une preuve de l'intérêt que sauront prendre les ouvriers à la prospérité d'une entreprise ayant pour base la Participation, l'une des formes particulières de l'Association.

L'Association peut se définir : l'union du capital et du travail en vue de la production.

Union féconde par excellence, elle est la source des progrès de l'humanité, car, sans elle, on ne pourrait réunir les capitaux nécessaires aux grandes exploitations minières, industrielles, commerciales, agricoles, pas plus qu'il ne serait possible d'assurer le fonctionnement des banques, des sociétés de secours mutuels, des caisses de retraite, des compagnies d'assurances, etc.

Sans l'association, M. de Lesseps n'aurait pu trouver, à l'aide d'une souscription publique, les 400 millions utilisés pour le creusement de l'isthme de Suez et vaincre les obstacles matériels qui s'opposaient à la marche régulière et à l'achèvement de cette gigantesque entreprise.

Les compagnies de chemins de fer, les transports maritimes, l'éclairage au gaz, les établissements métallurgiques, l'électricité, n'existeraient pas sans le concours des capitaux centralisés par l'association.

Elle est donc nécessaire à tous, aux ouvriers qu'elle fait vivre, en leur procurant le travail que sollicitent les capitalistes afin d'occuper leurs capitaux, aux ingénieurs dont elle utilise les capacités, aux administrateurs dont elle recherche le savoir, aux inventeurs dont elle provoque les recherches.

Par l'association, les ouvriers peuvent eux-mêmes se grouper de façon à former un capital susceptible de leur permettre de se livrer directement à l'exercice de leur industrie sans le secours des capitalistes, ou à constituer des sociétés coopératives d'épicerie, de boucherie, de boulangerie, vendant au prix d'achat à leurs participants et leur procurant des avantages réels au point de vue de la qualité des denrées et du prix réduit de la marchandise.

Cette faculté de pouvoir s'unir dans un intérêt commun est une marque de la liberté individuelle, c'est l'association libre d'individualités libres, désireuses de rendre leur situation meilleure en s'appuyant sur cette liberté, inaltérable et féconde.

« L'isolement à son plus haut degré, dit Rossi, c'est l'état sauvage ; l'association forcée, oppressive, c'est la barbarie, le despotisme. La perfection se trouve dans les associations volontaires qui multiplient les forces par l'union, sans ôter à la puissance individuelle ni son énergie, ni sa moralité et sa responsabilité. Tout peuple, chez lequel peut se réaliser cette haute combinaison de la puissance individuelle avec le principe d'association, est entré définitivement dans la carrière de la civilisation progressive. »

LES GRÈVES

La lutte des ouvriers contre les patrons est d'autant plus inexplicable que ceux-ci sont les ouvriers d'hier et qu'ils seront peut-être eux-mêmes les patrons de demain.

Quand ils seront bien éclairés sur l'inanité de certaines doctrines et le vide de leurs doléances, quand ils se seront pénétrés d'idées justes et saines sur les phénomènes économiques que nous avons étudiés, ils reconnaîtront que si on leur accorde toutes libertés, même celle de coalition, elles ne sont dans l'esprit du législateur que des instruments de transaction, de conciliation, destinés à apaiser les esprits et à amener l'entente entre patrons et ouvriers, sur une autre base que celle de la grève, arme à deux tranchants qui blesse les deux adversaires.

Car si le travail a le droit de faire grève, le capital jouit du même droit et si l'ouvrier et son entourage, souffrent d'un chômage prolongé, le patron voit aussi sa situation empirer, son capital rester improductif et la concurrence aux aguets ne manque pas de profiter d'une situation souvent désastreuse pour les deux partis.

Si la grève arrête la fabrication, le patron qui ne veut, et qui souvent, par suite de marchés rigoureux, ne peut cesser de produire, se trouve dans l'obligation de se fournir à l'étranger ou d'employer dans ses ateliers un personnel étranger, quand nos nationaux refusent le travail.

Les grèves sont généralement ruineuses et sans profit pour ceux qui les font, elles n'aboutissent qu'à désunir, en compromettant gravement leurs intérêts réciproques, celui qui détient le capital et celui qui fournit le travail.

Elles transforment en ennemis, souvent irréconciliables, les patrons et les ouvriers que les mêmes affections devraient unir; elles entretiennent parmi ceux-ci des idées de désordre dont la conséquence peut être la ruine pour les uns et la misère pour les autres; elles portent atteinte à la prospérité du pays, en dévorant en pure perte le temps du travailleur et en frappant d'improductivité les capitaux de l'entrepreneur; elles favorisent les mauvais désirs. les intrigues, les complots, elles sont le brandon de discorde d'où naissent les révolutions.

Il faut donc s'efforcer d'en signaler à l'ouvrier les conséquences déplorables et effacer les haines, les rancunes, les violences en faisant appel à sa raison, en lui démontrant le véritable but de détestables ambitieux dont les conseils perfides et les promesses fallacieuses ne peuvent que l'entraîner dans une voie où il ne trouvera que la misère pour sa famille et pour lui.

Aux flatteurs qui cherchent à susciter de nouvelles griseries à des esprits déjà trop aigris, afin de grandir leur importance à l'aide d'excitations susceptibles d'amener des conflits, l'ouvrier éclairé par de sages conseils, répondra par l'indifférence en méditant la petite fable si sensée et si vraie de Guichard :

L'ENFANT ET LE CHAT

Tout en se promenant, un bambin déjeunait
   De la galette qu'il tenait.
Attiré par l'odeur, un chat vient, le caresse,
Fait le gros dos, tourne et vers lui se dresse.
« Oh ! le joli minet ! » Et le marmot charmé
Partage avec celui dont il se croit aimé.
Mais le flatteur à peine obtient ce qu'il désire
   Qu'au loin il se retire.
« Ah ! ah ! ce n'est pas moi, dit l'enfant consterné,
Que tu suivais : c'était mon déjeuner. »

L'ENSEIGNEMENT

Le travailleur comprendra mieux son rôle social dans l'avenir, aujourd'hui que l'enseignement a pris un développement qui doit contribuer à satisfaire ses légitimes aspirations vers le progrès et aider à l'amélioration de son sort.

Mais les éducateurs ont à veiller surtout à la propagation, dans les masses populaires, de l'enseignement spécial, en très grande faveur en Belgique, en Allemagne, en Suisse, etc.

Notre caractère national est prompt à s'enthousiasmer, et la création d'écoles, de collèges, de lycées, trop longs à s'ouvrir au gré de tous, semble à nos gouvernants l'instrument unique du relèvement de la France.

Certes, nous respectons les sentiments de profond patriotisme, leur guide en cette œuvre de régénération ; mais qu'ils n'oublient pas, tout en cherchant, par une culture intellectuelle plus élevée, à former des hommes sérieux et instruits, que nos enfants ont surtout besoin des connaissances à l'aide desquelles ils maintiendront la supériorité industrielle et commerciale du pays, dont ils sauront soutenir ainsi la richesse et la gloire.

Or, les professions industrielles, dans leurs diverses applications, doivent être particulièrement l'objet de leurs préoccupations.

Au XVIIe siècle déjà, elles trouvaient des défenseurs illustres, et, vers cette époque, un grand philosophe, un esprit éminent, Leibnitz, formulait ses griefs contre l'enseignement, tel qu'il était pratiqué, en disant que les professions industrielles, trop négligées, méritaient d'être dirigées par de vrais savants et

que ces savants seraient réellement les instituteurs du genre humain.

A la veille de 1789, le parlement de Paris
avait confié à son président le soin de rédiger
un programme d'études pour répondre aux
besoins industriels et commerciaux, et la
Convention avait décidé un vaste système
d'instruction appelé à répandre partout les
connaissances indispensables aux travailleurs,
aux producteurs de la nation.

Reprenant cette idée féconde qu'avait jadis
indiquée Richelieu et dont, à la tête des
réformateurs du xviie siècle, Rolland avait
développé le principe, Vatimesnil, Guizot,
Cousin, Villemain, Salvandy, Saint-Marc Gi-
rardin, mettaient en application ou préco-
nisaient, sous des noms divers, l'enseignement secondaire spécial que V. Duruy orga-
nisait de toutes pièces, au profit de ceux
que leurs aptitudes, ou leurs intérêts, portaient de préférence vers les carrières ouvertes aux sciences appliquées au commerce
et à l'industrie.

Dans la période contemporaine en 1872,
en 1874, en 1880, des réformes utiles ont

été apportées à ces programmes et parmi celles-ci il faut mettre au rang de celles d'une nécessité urgente l'*enseignement professionnel* destiné à consacrer les notions acquises à l'école primaire et à préparer à l'exercice d'un métier ceux que pressent les nécessités de la vie et qu'appellent immédiatement les professions industrielles, agricoles et commerciales.

L'ENSEIGNEMENT
PROFESSIONNEL ET MANUEL

L'introduction des travaux manuels dans les écoles est un fait accompli dans beaucoup d'entre elles, et les résultats de cette heureuse innovation ne tarderont pas à se produire, si elle est intelligemment pratiquée et largement répandue.

L'éducation intellectuelle fortifie et perfectionne les facultés de l'esprit, l'éducation professionnelle développe les aptitudes manuelles et spéciales.

Le chemin parcouru est déjà grand, l'impulsion est donnée, l'opinion publique reconnaît que l'enseignement primaire supérieur, comprenant les travaux manuels, convient bien à la population laborieuse; aussi faut-il en favoriser le développement et en consacrer l'application par tous les moyens possibles.

La récréation à l'école professionnelle.

Le but essentiel de cet enseignement doit être de solliciter la révélation des aptitudes, de façon à provoquer chez l'élève la manifestation des capacités qu'il aura à utiliser plus tard.

A l'aide d'une bonne organisation et d'une constitution rationnelle de l'enseignement auxiliaire, on en fera un instrument, en même temps qu'un gage de sécurité nationale, tout en donnant à l'industrie, à l'agriculture et au commerce, la satisfaction qui leur est légitimement due.

Il existe à l'atelier, à la ferme, certains préjugés qu'une instruction appropriée aux professions ne tardera pas à déraciner. Aussi est-il indispensable que les programmes ne laissent pas de côté ce qui touche à l'art français et à la biographie des ouvriers qui se sont élevés par leurs talents.

Le jour où les élèves de nos écoles professionnelles et industrielles connaîtraient mieux les origines, la marche, les progrès de l'art et de l'industrie, les efforts, les tentatives, les luttes, les succès et la vie de ceux qui ont été des ouvriers glorieux, ou simplement utiles, ils s'adonneraient avec plus d'ardeur à certaines carrières qu'ils n'embrassent qu'à regret, et des vocations nouvelles seraient peut-être suscitées.

Paris, qu'on trouve toujours au premier

rang sur la route du progrès, a ses écoles spéciales, mais il est nécessaire qu'elles soient dirigées vers un but absolument pratique et rayonnent en province, afin de répondre aux exigences de la situation présente.

Elles se multiplient il est vrai avec une rapidité rassurante, mais nous souhaiterions qu'elles fussent encouragées par l'appui officiel de l'État et des Chambres syndicales, organisant des expositions régulières des travaux des élèves des écoles professionnelles, de façon à stimuler le zèle et l'émulation des jeunes travailleurs.

Ils s'appliqueront d'autant plus à soigner et à perfectionner les ouvrages exécutés par eux qu'ils les sauront soumis à l'examen d'un public nombreux et d'un jury chargé de récompenser les plus habiles en leur décernant des prix et des médailles.

Ils ressentiront alors un goût plus vif pour la profession qu'ils auront choisie et apprécieront plus tard l'esprit de prévoyance du père de famille qui leur aura mis en mains le *métier*, à l'aide duquel ils peuvent honorablement gagner leur vie.

Les exigences de l'existence sont telles en effet que l'enseignement professionnel et manuel s'impose, en présence des souffrances et des déceptions qui attendent souvent le jeune homme ou la jeune fille comptant trouver, par l'enseignement supérieur, la certitude d'un avenir trop souvent compromis, dès le début, en raison de l'encombrement de toutes les carrières libérales.

Les écoles professionnelles bien comprises et bien dirigées produiront des ouvriers instruits, au grand profit de la prospérité nationale, et leur accroissement permettra de combler le vide inquiétant qui s'ouvre sous les pas de l'élève quittant l'école primaire pour se préparer à un métier, parce qu'elles le mettront à même d'acquérir, dans les cours spéciaux, les principes généraux sur lesquels reposent toutes les industries.

⁂

L'école doit remplacer le patron, chez lequel l'adulte entre en apprentissage, et développer les capacités de l'enfant en le poussant

vers la profession convenant plus particulièrement à ses aptitudes, à son tempérament.

Les influences fâcheuses que subissent les
jeunes apprentis dans les ateliers n'existent
pas à l'école.

Le patron peut avoir intérêt à laisser sup-
poser au père de l'enfant qui lui a été confié,
que celui-ci se fait au métier, qu'il se perfectionne, alors que son inaptitude serait
évidente pour sa famille, si elle recevait chaque
semaine les notes de l'école professionnelle.

Le milieu de l'atelier ne présente pas pour
l'ouvrier les inconvénients graves que produit
sur des jeunes gens le contact constant
d'hommes d'une éducation généralement négligée, dont les habitudes et les mœurs sont
souvent équivoques.

Les générations naissantes, dont l'esprit est
tout grand ouvert aux premières impressions,
seront sauvegardées, à l'école, des éléments
malsains dont elles s'imprégnaient à l'atelier.

Non pas que les ouvriers prennent plaisir
à gâter l'apprenti, mais parce qu'ils ne se
gênent pas, devant celui-ci, pour lancer une
gauloiserie ou conter une aventure piquante

à un camarade, que la présence de l'enfant n'arrêtera pas non plus, s'il tient également en réserve une histoire graveleuse et pimentée.

Le cœur et l'intelligence des apprentis ne tardent pas à s'oblitérer à ce contact et il est rare de les trouver sains de corps et d'esprit, quand ils arrivent à gagner leur vie.

A l'école ils trouvent l'initiation professionnelle leur mettant en mains les outils dont le maniement développera leurs forces musculaires, les cours de dessin industriel, de modelage et tous ceux de l'enseignement usuel et pratique.

Ils y évitent les promiscuités pernicieuses et restent des travailleurs honnêtes tout en devenant des ouvriers habiles.

L'avenir leur est assuré, et il importe que le père de famille, désireux de donner un métier à son fils, comprenne que les connaissances qu'il aura acquises en histoire, en physique, en chimie, ne l'empêcheront pas de rester ouvrier comme lui et lui permettront peut-être de devenir un patron, apte à bien diriger une usine et à améliorer l'industrie nationale.

Cette instruction, unie aux connaissances manuelles, constituant l'apprentissage à l'école, l'aidera à acquérir une position avantageuse contribuant à en faire un homme utile et respecté.

La visite de l'inspecteur à l'école professionnelle.

Les bonnes fréquentations, l'émulation, les sages conseils, les préceptes de ses maîtres, feront pénétrer dans ce jeune cœur les idées saines et morales qu'il portera dans son intérieur après le travail.

Si le milieu est bon, il deviendra meilleur ; s'il est mauvais, il se modifiera avantageusement.

Le soir on répétera les leçons, on fera à la veillée d'intéressantes lectures et le père, fier de son fils, l'écoutera avec étonnement d'abord, puis avec recueillement. Il oubliera le rendez-vous avec les camarades, préférant s'instruire lui aussi, et n'osera plus, devant sa femme et ses enfants, donner cours à ses mauvais instincts.

Le dimanche le cabaret et la guinguette seront abandonnés pour des promenades utiles, agréables et salutaires, complétées par un repas en famille dans lequel on parlera de l'avenir, de projets d'établissement, d'économies à réaliser, de leur placement.

La possession est l'aspiration légitime du travailleur et l'une des bases de l'*éducation morale*, si négligée dans la classe laborieuse.

Il faut diriger l'enseignement vers ce but et former, pour améliorer l'état social actuel, une jeunesse habituée au travail, qui donnera à la Patrie des citoyens honnêtes, capables et dévoués.

Le travail manuel à l'école supprimant l'apprentissage à l'atelier, sera l'élément moralisateur par excellence, si l'enseignement professionnel est bien appliqué et bien compris.

Nous n'aurons pas à redouter, s'il est dirigé par des esprits désintéressés, libéraux et patriotes, les inconvénients d'un trop grand développement de l'instruction publique, susceptible de détourner les jeunes gens du but qu'ils doivent rechercher, *le métier*, qui leur assurera l'indépendance et la véritable liberté.

L'instruction primaire supérieure, destinée à perfectionner leur éducation, aura donné les résultats qu'on est en droit d'espérer, en formant de bons élèves, capables d'arriver dans les établissements d'enseignement technique populaire entretenus par l'État, les écoles d'arts et métiers de Châlons, d'Aix, d'Angers, dont le but est de créer des contremaîtres et des chefs d'atelier ou de fabrique.

Ces écoles ont produit des milliers d'ingénieurs distingués, d'industriels remarquables, de chefs de bureaux d'études, de directeurs d'usines, bien supérieurs, en raison de la pratique acquise, à des hommes d'une instruc-

ion plus étendue peut-être, mais dont le sa-
oir se heurtait aux détails de l'atelier, à des
ifficultés matérielles en présence desquelles
eur science demeurait impuissante.

Multiplions donc les écoles primaires supé-
ieures, à la condition d'y développer surtout
'instruction professionnelle donnée par des
raticiens, suivant un programme moins élevé
ue celui des arts et métiers, mais assez
tendu pour former des travailleurs instruits,
iers de manier l'outil avec habileté et d'assu-
er aux leurs le pain de chaque jour, par un
abeur industriel dont ils ne se trouveront
as déshonorés.

Quand les enfants du peuple seront prépa-
és à l'exercice d'une profession, grâce à une
nstruction générale à l'aide de laquelle ils
uront acquis les éléments scientifiques né-
essaires au perfectionnement du travail manuel,
ls prendront goût à leur métier et deviendront
es agents actifs et ardents de la production.

Ils échapperont aux vices engendrés par
'ignorance et la paresse, ils s'intéresseront
ux questions d'association et les discuteront,
ans haine ni parti pris contre l'employeur,

dont ils aspireront à devenir les collaborateurs ; ils chercheront avec lui le progrès
économique et deviendront des citoyens po-
licés, instruits, utiles au pays.

Rousseau, Léonard Bourdon, Condorcet,
Lakanal, Grégoire, Chaptal, Monge, de Romme,
ont été les pionniers et les propagateurs des
travaux manuels et de l'enseignement industriel, dont la bonne direction nous permettra
de conserver et d'entretenir chez nos ouvriers
leur véritable supériorité dans les applications
de l'art à l'industrie.

L'épanouissement d'une génération nouvelle
capable d'allier et de faire concourir au
même but le travail manuel et les capacités
intellectuelles, contribuera à la faire renaître
et à soutenir le prestige et la gloire de la
France.

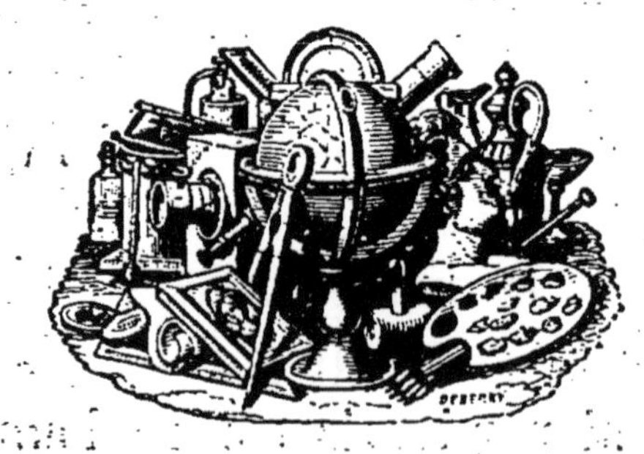

L'ENSEIGNEMENT

AGRICOLE

La création de cours spéciaux pour l'enseignement manuel donnera d'excellents résultats, et la vocation de l'enfant étant respectée, celui-ci pourra embrasser la profession vers laquelle il se sentira attiré à la suite d'épreuves rationnelles.

S'il y a progrès de ce côté, il y a lieu de constater qu'un enseignement professionnel non moins important, l'*Enseignement agricole*, semble sinon être négligé, du moins ne pas donner les résultats dont le pays a si grand besoin au point de vue économique.

Le premier document législatif qui prescrive un enseignement agricole et en règle les détails, date du 3 brumaire an IV, mais ce n'est qu'en 1823 que fut fondée à Roville, par le célèbre agronome Mathieu de Dombasle, la première école d'agriculture.

La loi du 3 octobre 1848 donna une sanction à cette tentative de l'initiative privée, par l'organisation officielle de l'enseignement agricole, à laquelle avaient collaboré Flocon et Richard du Cantal.

Depuis cette époque on a créé des fermes écoles, des écoles pratiques régionales d'agriculture, des instituts agronomiques. La Société des agriculteurs de France, organisée en 1870, a recherché les moyens d'améliorer ces établissements. Mais son influence n'a pas produit les résultats pratiques susceptibles de retenir aux champs l'habitant des campagnes, attiré vers la ville par l'appât de gros salaires et certains avantages, souvent illusoires, qu'il croit trouver dans les grands centres.

L'un des remèdes à cette grave question de la dépopulation des campagnes, consisterait dans l'application bien entendue de la

loi du 28 mars 1882 sur *l'enseignement primaire rural.*

Lorsque les paysans trouveront dans cet
enseignement le moyen de mettre à profit
les éléments de leur instruction primaire, de
façon à les utiliser pour les besoins de leur
instruction professionnelle, ils s'y attacheront
avec ardeur et se sentiront poussés à la
recherche de modifications à apporter à de
vieilles méthodes ou à un système défec-
tueux.

L'école primaire rurale s'impose d'elle-même,
et l'autorité universitaire devrait redoubler
d'efforts et de sévérité pour assurer l'exécution stricte des programmes en n'envoyant
dans les campagnes que des maîtres dont les
connaissances en agriculture seraient suffi-
santes pour leur permettre de former des
élèves assurés de trouver dans des cours
suffisamment préparés et intelligemment
exposés, un attrait assez vif pour les inté-
resser et les retenir au village.

Quand ces jeunes gens auront acquis des
notions de chimie agricole, lorsqu'ils connaî-
tront mieux la valeur des sols et la nature

des engrais propres à corriger la composition
défectueuse des terres, quand ils seront suffisamment au courant des travaux de la
culture, des labours, du drainage, des irri-
gations, des opérations des semailles, des

Les semailles et les labours.

récoltes, des soins à donner aux animaux,
du choix des espèces domestiques destinées
à la ferme, ils ne tarderont pas à reconnaître
les agréments inconnus et l'utilisation avantageuse de leurs occupations journalières.

Un cours d'*économie rurale* comprenant la *comptabilité* et le *commerce*, dans le sens le plus pratique, constituera la sanction de ces leçons dont ils pourront faire directement l'application, et, leur instruction générale s'amélio-

Les animaux de la ferme.

rant, ils arriveront, par d'intelligentes recherches, à des découvertes d'un profit certain pour le pays et pour eux-mêmes.

Le maître, par des entretiens familiers bien à la portée de ses jeunes auditeurs, les aidera à acquérir sans efforts les notions indispensables en agriculture. Dans leurs promenades il tiendra leur attention en éveil par quelques détails sur les oiseaux, les insectes, la science élémentaire.

Le repas champêtre.

Les petits villageois trouveraient certainement une saveur particulière dans ces *leçons de choses agricoles*, et ne tarderaient pas à se pénétrer que l'honorable métier qui a nourri leurs pères, en leur permettant d'élever leurs descendants, est la source la plus sûre d'un salaire peu élevé peut-être, mais toujours assuré.

S'ils n'arrivent pas à la richesse, ils pour-

Les travaux et les distractions des champs.

ront acquérir une modeste aisance et jouiront, aux champs, de l'espace, du soleil radieux, de l'air pur, qui font les corps robustes et assurent une longue existence.

Et au « *mens sana in corpore sano* » viendra

s'ajouter un bien plus précieux encore, la santé morale.

Le cultivateur mène à bien, par la simple routine, des travaux culturaux parfois compliqués. Ne deviendrait-il pas, la science et

Les petits glaneurs.

l'instruction aidant, l'ouvrier le plus utile, le plus méritant, celui dont le métier serait le plus recherché?

Quel est le principal motif de son découragement? L'insuffisance de son salaire comparé

à celui que produisent les travaux industriels.

Si ce salaire augmente par l'augmentation
de la production, la différence disparait; le
paysan reprend courage et ne va pas grossir
de bras inoccupés le trop-plein des grands
centres, cette plaie vive de notre époque, ce
fléau qu'il faut combattre et conjurer.

L'amélioration du sort du producteur sera
la conséquence du perfectionnement de l'instruction scientifique du paysan; aussi récla-
mons-nous des instituteurs les connaissances
spéciales qu'ils ont mission de répandre en
éveillant chez leurs élèves le désir de connaître les secrets de la nature, en égayant le
village par d'intelligentes distractions, des
conférences professionnelles, en démontrant
surtout aux campagnards que la fascination
qu'exercent les grandes villes sur leurs esprits
constitue un danger, auquel ils sauront se
soustraire quand ils seront convaincus qu'ils
risquent d'y perdre la tranquillité et la santé
en même temps que la liberté.

Les instituteurs doivent faire ressortir le
préjudice énorme que cause à notre agricul-

ture cette émigration des populations rurales vers les grands centres.

Il y a là un danger social qui peut faire le sujet d'intéressantes leçons et s'appliquer aux enfants des deux sexes.

La contagion présente plus d'inconvénients encore pour les jeunes filles qui, sans expérience, séduites par un mirage trompeur, ne rencontrent souvent à la ville que la plus infime servitude.

L'émigration des paysans ralentit l'accroissement de la population par la diminution du nombre des mariages, et l'instituteur ne manquera pas d'exemples à citer à l'appui de ses théories morales.

Colbert avait compris qu'en peuplant la France il devait l'enrichir.

Aussi avait-il fait encourager les mariages dans les campagnes par une exemption de tailles pendant cinq années pour ceux qui s'établissaient à l'âge de vingt ans, et tout père de famille qui avait dix enfants était exempt toute sa vie, parce qu'il donnait plus à l'État, par le travail de ses enfants, qu'il n'eût pu donner en payant la taille. Ce règlement aurait dû demeurer à jamais sans atteinte.

Dans tous les temps, les hommes de bien dont le zèle et les travaux ont aidé à répandre le goût de l'agriculture, ont été considérés, à juste titre, comme les bienfaiteurs de l'humanité.

L'empereur chinois Su-jen-ti, qui vivait au viiie siècle avant Jésus-Christ, avait promulgué un édit dont voici le préambule :

« L'agriculture est la plus pure source des richesses de l'État. C'est par elle que le ciel fournit aux besoins des hommes et leur adoucit les misères de la vie. Le bonheur des peuples dépend de l'agriculture, et l'Empire n'est riche et florissant qu'autant qu'elle est encouragée. »

On ne pourrait mieux dire aujourd'hui, car il est certain que la population agricole contribue puissamment, par son travail, au développement de la richesse publique.

*
* *

L'instituteur ne saurait trop insister sur

l'importance de cette industrie, la mère de toutes les autres, et devrait citer souvent à ses élèves les personnages illustres qui ont donné l'exemple des travaux simples et paisibles des champs, honorant de leur respect la profession du laboureur qu'ils considéraient comme la plus noble et la plus utile.

Qu'il signale aux enfants placés sous sa direction les généreux efforts, les travaux remarquables des Olivier de Serres, Rosier, Tessier, Parmentier, Bosc, Dombasle, Huzard, Gasparin, Yvart, de Bruchard, Victor Châtel et de tant d'autres, dont les patientes études ont donné une direction si favorable à l'art agricole.

L'esprit de l'élève ne tardera pas, sous l'influence de ces leçons, à s'ouvrir à des idées larges et élevées, et le maître pourra alors traiter avec lui les questions d'économie agricole, d'ordre pratique, dont la solution rendra sa situation meilleure en ramenant la prospérité nationale.

Il étudiera avec intérêt, sinon avec ardeur, les phénomènes de l'association, de l'union du travail des champs et du travail de l'ate-

lier ; il comprendra les avantages d'une colo-
nie agricole industrielle.

L'hiver arrivant, il sera heureux de continuer à suivre, aux veillées, les leçons et les
conseils de l'instituteur agricole, qui profitera
de ses bonnes dispositions pour lui faire entre-
voir les excellents résultats que pourraient
produire de semblables exploitations.

Le maître intelligent exposera et fera tracer
à l'élève le plan d'un domaine dont il lui aura
indiqué le but, et ils en suivront ensemble la
distribution générale, en recherchant les amé-
iorations ou modifications à y apporter.

Il expliquera que ce domaine devra être
situé à proximité d'une ligne de chemin de
fer, de façon à faciliter l'écoulement de ses produits.

Il ajoutera que l'exploitation sera plus avantageuse si elle est à la fois agricole et industrielle et si elle a pour but par exemple :

1° La production des céréales ;

2° La distillation de la betterave ;

3° La distillation des grains ;

4° L'engraissement et l'élevage des bêtes à
cornes et des bêtes à laine.

Selon son étendue le domaine sera divisé en parties à peu près égales ne représentant pas plus de 200 hectares chacune. Au centre de ces divisions se trouvera une petite ferme composée de plusieurs logements pour le personnel agricole, de bouveries, d'étables, de toits sur piliers pour garantir les animaux et préserver momentanément les récoltes.

La ferme centrale renfermera les logements du régisseur, du comptable, du fermier principal, du garde et des ouvriers nécessaires à l'exploitation. Elle possédera des magasins assez vastes pour recevoir les récoltes des autres parties de la propriété, la grange, les fosses à pulpe, les bergeries, les bouveries, les ateliers pour les charrons, forgerons, etc., les magasins à betteraves, à alcool, la tonnellerie.

Une partie des bâtiments, dont les charpentes et planchers devront, autant que possible, être construits en fer, servira à l'agriculture, l'autre à l'industrie. Dans ces derniers seront installées la sucrerie et la distillerie.

L'éclairage au gaz est nécessaire et il faudra, pour faciliter les transports dans toutes les directions, doter l'exploitation d'un réseau de chemins de fer avec plaques tournantes, changements et croisements de voie, d'une grue à pivot et d'un pont à bascule, dont le levier sera dans le bureau du comptable.

Un cours d'eau traversant la propriété, on creusera des canaux d'assainissement et on effectuera les travaux de drainage destinés à aider à la production du sol.

Les ouvriers occupés aux champs, quand la culture l'exige, seront en d'autres temps utilisés à la ferme, à la distillerie, à l'organisation des magasins, à la réparation du matériel, à la grange, aux bouveries, au jardin, à l'entretien des chemins.

Il sera bon de les diviser en familles, sous la direction de chefs dont la mission ne se bornera pas à une active surveillance, mais qui seront chargés en outre, pendant les longues soirées d'hiver, d'améliorer, de perfectionner l'éducation et l'instruction professionnelle de leur groupe.

Une école avec gymnase complétera cette organisation.

Puis, chaque année, après la campagne agricole, une distribution solennelle des récompenses aura lieu sous la présidence du propriétaire ou des gérants de l'exploitation, assistés des notabilités du pays, et les colons, hommes, femmes, enfants, qui se sont distingués par leurs succès, leur bonne conduite, leur assiduité, leur probité, recevront le prix de leurs travaux, sous forme de médailles, de livres, de sommes d'argent, de livrets de caisse d'épargne ou de parts dans les bénéfices de l'affaire.

*

* *

L'instituteur, par de semblables leçons, saurait éveiller l'attention et l'ambition de ses jeunes auditeurs; il les initierait à des conceptions dont le résultat certain serait de leur prouver que la vie de la campagne offre plus d'agréments qu'elle ne présente de déceptions.

Et si l'instruction du cultivateur a été sagement dirigée, si elle a été réellement professionnelle, il n'éprouvera plus de dégoût

pour le travail des champs et n'abandonnera
plus la charrue pour rechercher une place à
la ville qui ne peut utiliser ses bras.

N'aura-t-il pas à étudier la question des transports faciles et à bon marché, l'extension des
voies de communication, la diminution des
tarifs sur les chemins de fer, les engrais, les
produits agricoles, les dégrèvements sur
l'impôt foncier, l'achèvement des chemins
vicinaux, les bonnes méthodes culturales, la
sélection des races précoces et productives,
l'hydraulique agricole, etc.?

Dans les pays vignobles, l'instituteur indi-
quera à ses élèves les moyens à employer
pour défendre la vigne contre le terrible pu-
ceron qui dévore ses racines, il leur fera
connaître les espèces américaines dont la résistance au phylloxéra est aujourd'hui démon-
trée; il signalera à leur attention les variétés
convenant plus particulièrement aux sols
riches et profonds, ou légers, caillouteux et
secs; il les aidera à se garantir du fléau par
la submersion ou l'emploi de certains sul-
fures. Il saura leur faire reconnaître l'utilité
de l'addition du bon sucre ordinaire, dans les

vins de consommation courante, découverte
à l'aide de laquelle le vigneron peut s'enrichir
sans compromettre les intérêts du consom-
mateur.

Les vendanges.

N'y a-t-il pas là de quoi occuper nos travailleurs des champs, et l'école rurale ne
s'impose-t-elle pas comme l'un des remède
à l'insuffisance de la production nationale
Quand, à l'aide d'une instruction bien en

tendue et bien comprise, le paysan ne sera
plus l'esclave de la routine et des préjugés ;
quand il aura trouvé un élément puissant de
moralisation et de bien-être dans le dévelop-

Le soutirage des vins.

pement de l'industrie agricole ; quand il sera
à même de suivre avec fruit des cours populaires d'agriculture ; quand enfin il recevra
ces récompenses honorifiques que nous avons
déjà réclamées pour lui, il ne rougira plus

de prendre le manche de la charrue et ne songera plus à l'échanger contre l'outil de l'ouvrier.

Répandons à toute volée l'enseignement professionnel agricole en utilisant la diffusion de l'instruction, de façon à donner à chacun celle qui lui convient.

Popularisons les connaissances élémentaires, théoriques et pratiques, nécessaires au perfectionnement de l'instruction primaire du jeune cultivateur.

Les pouvoirs publics éviteront un danger social en retenant les ouvriers agricoles à la campagne, et s'ils cherchent avec raison à multiplier les écoles de travail manuel et d'arts et métiers, qu'ils n'hésitent pas à augmenter le nombre des écoles d'Agriculture, en s'efforçant d'organiser surtout l'école primaire rurale.

L'ENSEIGNEMENT
COMMERCIAL

Une des causes principales du malaise qui pèse sur notre commerce et notre industrie peut être attribuée à l'insuffisance de notre *Enseignement commercial*.

L'Université s'est émue, à juste titre, de voir les maisons de commerce confier trop souvent à des étrangers, des fonctions qui pourraient être facilement remplies par des Français, s'ils possédaient les notions technologiques qui leur manquent en comptabilité et dont la connaissance leur permettrait de conquérir, dans cette branche, la suprématie incontestable qu'ils possèdent dans plusieurs autres.

L'enseignement commercial doit, d'après les rapports officiels, recevoir un large développement et être confié à des spécialistes, bien au courant de la science du commerce et de ses comptes, plutôt qu'à des savants auxquels leurs connaissances vastes et complexes font parfois perdre de vue le côté pratique des cours dont ils sont chargés.

Nous partageons absolument ces idées et sommes d'avis qu'il est urgent de comprendre l'étude de la comptabilité dans les programmes de l'enseignement primaire, afin de préparer les jeunes élèves chez lesquels les praticiens découvriraient des aptitudes spéciales pour le commerce, à un enseignement supérieur qui leur permettrait d'être admis, après examen, dans les écoles de commerce.

C'est en multipliant ces écoles que nous

arriverons à pouvoir former et entretenir une véritable pépinière de comptables, d'industriels, de négociants, suffisamment instruits pour concevoir et diriger de grandes entreprises et soutenir victorieusement la lutte avec nos rivaux.

Les questions d'ordre économique, commercial, industriel, financier, doivent prendre une part de plus en plus large et dominante dans les préoccupations des pouvoirs publics et nous estimons qu'il faut que le gouvernement s'attache à rechercher le moyen de former des hommes qui fassent surtout la fortune de la France, sans oublier qu'ils ont à en soutenir la gloire.

Pour atteindre ce but, il est nécessaire de donner à la jeunesse des connaissances spéciales et d'augmenter le nombre des écoles de commerce, d'agriculture, des arts et métiers, de navigation.

Si nous manquons d'esprit d'initiative, ayons au moins celui d'imitation et suivons l'exemple de l'Allemagne fondant, à côté et non au-dessus des écoles des hautes études, des écoles spéciales où les jeunes gens se destinant au commerce et à l'industrie, peuvent acquérir les connaissances positives dont ils ont besoin et qu'ils perfectionneront plus tard par la pratique.

Il faut former des négociants comme on forme des ingénieurs à l'École centrale des arts et manufactures, et le ministre du commerce doit s'assurer le concours de son collègue de l'instruction publique pour imposer, dans les écoles primaires, cet enseignement commercial dont la qualification implique qu'il doit ressortir aux deux ministères.

Ce concours nous semble indispensable, car c'est précisément à l'aide des quelques notions économiques qu'ils auront pu acquérir dans les écoles de différents degrés, que les jeunes élèves comprendront l'utilité, la nécessité même, de cet enseignement que nous croyons appelé à rendre les plus grands services au pays.

Que nos efforts soient stimulés par la sollicitude et l'appui du gouvernement, comme en Angleterre et en Allemagne, où celui-ci ne se contente pas d'augmenter le nombre des écoles commerciales, d'arts et métiers, de navigation, mais suit encore, après l'école, ses nationaux dans leurs émigrations. Il leur accorde les encouragements de toute nature quand, après avoir acquis l'instruction commerciale nécessaire aux grandes entreprises, ces nationaux viennent à s'expatrier dans le but d'augmenter leurs richesses, tout en aidant à la prospérité de leur pays, au lieu de rester suspendus aux mamelles de leur patrie et cloués au sol qui les a vus naître.

Il ne suffit pas de bien penser, il faut bien agir ; peu de discours, beaucoup d'action : « *Res non verba* », comme le disait Hoche, le grand capitaine, et si c'est assurément faire acte de clairvoyance que de répandre le plus possible l'instruction, il est nécessaire de la diriger de façon qu'elle puisse servir à accroître la prospérité du pays.

Un des moyens les plus efficaces pour relever notre commerce extérieur, serait de développer l'enseignement commercial, en éveillant chez nos jeunes élèves l'espoir de se créer une position avantageuse, dans les consulats par exemple, dont les emplois, recherchés par la fleur de l'aristocratie élégante, sont considérés, à tort, comme étant plutôt d'ordre administratif que d'ordre commercial.

En outre, nos agents consulaires, parfois détournés par la politique du but spécial qu'ils ont à poursuivre, oublient trop souvent que leur principal rôle consiste à protéger et à faciliter les relations commerciales entre leurs nationaux et ceux des pays accrédités.

Il est nécessaire, indispensable, si l'on veut, par de lointaines entreprises, créer au profit de la France un empire colonial, que les représentants du gouvernement s'y prêtent activement et ne soient pas recrutés parmi les fruits secs de la diplomatie.

C'est en nous plaçant à ce point de vue, que nous réclamons l'organisation pratique des écoles de commerce, dans lesquelles pourront se former de véritables agents consulaires, dont l'activité, unie aux connaissances professionnelles, rende aux commerçants français le courage et la confiance.

Il faut lutter contre les concurrences redoutables qui nous disputent les marchés extérieurs et mettent en péril notre puissance économique.

Nous n'avons en France que huit écoles de commerce tandis qu'on compte en Allemagne trente-huit académies, destinées aux hautes études commerciales, et deux cent dix-sept écoles de commerce.

Il importe donc que ceux qui ont à cœur la prospérité et la grandeur de notre pays, soutiennent et provoquent la création d'établissements de même nature, destinés à former des élèves susceptibles de fournir des négociants capables de lutter avantageusement contre l'envahissement des étrangers.

Il faut donner à nos jeunes gens une instruction technique qui les mette à même de tenir la tête du négoce international, répandre l'enseignement des langues étrangères au point de vue des affaires et s'attacher, plus qu'on ne l'a fait jusqu'à présent, à l'étude du commerce, du droit commercial et de l'économie politique.

Ne laissons pas, par notre incurie et notre imprévoyance habituelles, nos voisins se mettre à la tête du haut commerce et exercer constamment leur prépondérance dans les pays où quelques maisons de France, riches et entreprenantes, n'auraient pas hésité à s'établir, si elles s'étaient senties aidées et soutenues.

Étendons nos débouchés sur tous les marchés du monde, remplaçons la politique stérile, aussi bien à l'intérieur qu'à l'extérieur,

par la politique des intérêts, par la politique coloniale.

Le système d'assujettissement réciproque, politique et commercial, désigné sous le nom de *système colonial*, a été l'objet des préoccupations des peuples les plus civilisés de l'antiquité.

Les Égyptiens, les Grecs, les Phéniciens, les Romains ont fondé un grand nombre de colonies; Marseille fut créée par les Phocéens 600 ans avant Jésus-Christ.

Il faut franchir ensuite un long intervalle pour trouver de nouvelles colonies, car les invasions des barbares ne sauraient être considérées comme des tentatives de colonisa-- tion.

Les nations modernes ont compris à leur tour l'importance de la colonisation, destinée à faciliter ou à ouvrir des relations commerciales avec les pays situés au delà des mers, particulièrement avec l'Amérique et les grandes Indes.

La Hollande, la Hongrie, l'Autriche, la Russie ont fondé des colonies agricoles, militaires, pénitentiaires, l'Allemagne s'occupe avec énergie d'étendre son trafic dans le monde entier et travaille avec persévérance et âpreté à augmenter sa puissance coloniale ; mais, si cette nation tend vers ce but depuis quelques années, l'Angleterre s'est placée, depuis long-temps déjà, à la tête de ce mouvement.

Nous avons fait quelques efforts pour accroître à notre profit la surface où se déploie la civilisation en procurant aux peuples civilisés des débouchés commerciaux, et, presque toujours nos tentatives ont été mises à profit par nos voisins dont la jalouse ardeur se réveille et oppose le calme à notre esprit d'aventure; le travail lent, mais sûr, à notre impatience des résultats progressifs; la cohésion de leurs ressources sur un point déterminé à la dissémination de nos forces sur un territoire infini.

Les Anglais, les Allemands, envoient des représentants probes et intelligents dans leurs colonies, et leur gouvernement s'attache à leur procurer le concours efficace d'agents dont les études spéciales sont complétées par des connaissances acquises dans les écoles de commerce dont on ne saurait trop multiplier le nombre.

Encourageons donc aussi nos agents consulaires dont on pourrait stimuler le zèle en leur allouant, par exemple, sur les exportations des pays qu'ils représentent dans ceux où ils résident, une prime variable selon les produits et leur importance.

Pourquoi n'accorderait-on pas aux consuls des allocations basées sur l'importance des affaires qu'ils termineraient heureusement?

Pourquoi ne leur donnerait-on pas une rémunération proportionnelle sur les matières premières qu'ils expédieraient directement, sans passer par des intermédiaires qui tous prélèvent un certain bénéfice, que les consuls pourraient facilement faire réaliser au pays dont ils sont les agents, s'ils les lui adressaient directement, dans l'espérance de percevoir la prime qui leur serait promise?

Leur intérêt serait garant de leur zèle et, avec de telles attributions, les consuls seraient plus utiles à leurs nationaux dont ils se montreraient mieux disposés à écouter les plaintes et à faire respecter les droits.

L'institution consulaire serait alors appelée à rendre de grands services, à la condition que la mission de ses auxiliaires ne fût pas limitée à celle d'agents administratifs, leur rôle principal et essentiel étant à notre avis d'être des agents commerciaux, susceptibles de nous aider à lutter contre l'envahissement du marché français par les produits étrangers et à organiser la défense nationale au point de vue industriel et commercial.

La concurrence étrangère étouffe notre commerce et notre industrie au dehors, où nos marques de fabrique sont contrefaites.

Au dedans, nos ateliers occupent des ouvriers étrangers qui surprennent nos procédés de fabrication, en dévoilent les secrets et dérobent nos modèles.

Il faut agir énergiquement et promptement si nous voulons éviter un Sedan industriel après le Sedan militaire.

L'enseignement commercial sera un moyen puissant à utiliser pour réparer nos désastres, consolider nos finances, et ramener la prospérité dans notre pays.

Aussi faut-il habituer l'enfant dès l'école à l'ordre, à l'économie, en lui donnant les moyens d'acquérir les notions de la science de la comptabilité, base de la fortune privée comme de la fortune publique.

Elle est non seulement indispensable à l'industriel, au négociant qu'elle aidera dans la conception ou la direction de grandes entreprises et qu'elle mettra à même de soutenir victorieusement la lutte commerciale avec nos rivaux, mais elle est nécessaire à tous, même aux simples particuliers qui veulent établir convenablement et exactement leur budget et la situation de leur fortune.

Elle est nécessaire aussi à l'État à qui elle pourra fournir des économistes familiarisés avec les théories budgétaires et capables de discuter les intérêts financiers du pays,

L'enseignement de la comptabilité doit donc figurer parmi les réformes de nécessité urgente à apporter dans les programmes des écoles primaires où commencent à se former la majorité des commis et teneurs de livres, ces auxiliaires indispensables aux commerçants.

Et ceux d'entre ces jeunes gens qui voudront plus tard se perfectionner dans cette science seront tout préparés, s'ils en possèdent les éléments, à l'étude des questions complexes qu'elle renferme.

Rien n'est plus important qu'une comptabilité régulière; elle produit dans les administrations où elle est bien organisée un ordre qui simplifie les recherches et facilite toutes les opérations, tandis qu'une comptabilité vicieuse peut entraîner avec elle les conséquences les plus graves. Pour le négociant, elle est le flambeau qui l'éclaire sur sa véritable position, et lui sert à diriger ses affaires commerciales.

Elle est l'une des sources de la fortune publique et la base de l'enseignement commercial, dont l'importance est d'autant plus grande qu'il permettra aux jeunes garçons, comme aux jeunes filles, de rendre immédiatement dans l'industrie, dans le commerce, dans divers métiers, des services dont la rémunération pourra être accordée après une courte initiation.

L'ENSEIGNEMENT

PROFESSIONNEL

POUR LES JEUNES FILLES

ET LE RÔLE DE LA FEMME DANS LA SOCIÉTÉ

Au point de vue moral, nous estimons que les *cours commerciaux*, inaugurés à Paris, à l'usage des jeunes personnes désireuses d'entrer dans le commerce, sont appelés à produire des résultats pratiques, qui assureront à la femme une existence honnête par un travail rémunérateur.

Nous ne cherchons pas à faire des savantes de nos filles, et ne partageons point l'admiration de ceux qui se pâment devant la femme dont l'instruction supérieure les éblouit.

Il nous suffit qu'elle possède les connaissances nécessaires pour élever ses enfants et savoir retenir son mari au foyer, dont elle doit être la gardienne, plutôt que la lumière.

Il ne faut pas qu'elle nous humilie par un trop grand savoir, et nous n'avons nul besoin de doctoresses, ni de pédantes, mais de compagnes, dont le rôle dans la famille ne doit pas être modifié, et dont la place à la maison est celle de la femme, et non de l'homme.

Le principal rôle de la femme, c'est d'être épouse et mère de famille : son devoir est de rendre la maison attrayante et agréable pour le mari et pour les enfants. Aussi faut-il préparer les filles aux vertus domestiques et aux talents utiles dans le gouvernement de leur intérieur, de façon à leur permettre d'y acquérir plus tard un ascendant légitime, propre à inspirer à leurs maris et à leurs fils le sentiment du devoir, de l'honneur et du sacrifice.

On est en droit d'aspirer à rendre les femmes instruites, il importe d'éviter d'en faire des pédantes, si on ne veut pas les exposer à être comparées aux *femmes savantes*, si bien ridiculisées par Molière et que son bonhomme Chrisale prend sur le vif dans l'acte II (scène VII) de sa mordante comédie :

Il n'est pas bien honnête et pour beaucoup de causes,
Qu'une femme étudie et sache tant de choses.
Former aux bonnes mœurs l'esprit de ses enfants,
Faire aller son ménage, avoir l'œil sur ses gens,
Et régler la dépense avec économie,
Doit être son étude et sa philosophie.
Nos pères sur ce point étaient gens bien sensés
Qui disaient qu'une femme en sait toujours assez,
Quand la capacité de son esprit se hausse
A connaître un pourpoint d'avec un haut-de-chausse.
Les leurs ne lisaient point, mais elles vivaient bien ;
Leurs ménages étaient tout leur docte entretien,
Et leurs livres, du dé, du fil et des aiguilles
Dont elles travaillaient au trousseau de leurs filles.
Les femmes d'à présent sont bien loin de ces mœurs ;
Elles veulent écrire et devenir auteurs.....

Une éducation brillante, pour les jeunes filles sans fortune, constitue un danger devant lequel il en est malheureusement qui succombent.

Ne pouvant aspirer à un riche mariage, elles ne peuvent pas non plus épouser un modeste employé ou un ouvrier intelligent et travailleur, dont l'éducation n'est pas en rapport avec la leur, et, dominées par l'orgueil, aidées par les passions, elles ne produisent que le mal et tombent parfois dans la dégradation.

Les exemples de ces situations fausses démontrent l'intérêt moral qu'il y aurait à multiplier les cours destinés à l'instruction pratique de la femme, de façon à permettre à la jeune fille, désireuse d'apprendre à fond un état, de ne pas être exposée aux inconvénients de l'atelier, et à la future mère de famille, de trouver dans ces cours les éléments qu'elle pourra utiliser plus tard, quand elle aura à diriger son intérieur et à guider ses enfants.

Cette éducation pratique est le complément nécessaire de l'instruction littéraire, artistique et commerciale des jeunes filles.

Beaucoup d'entre elles peuvent justifier, à la fin de leurs études, de diplômes obtenus à la suite de brillants examens. Combien en compte-t-on qui possèdent les premières notions des travaux usuels?

Ne sont-elles pas, pour la plupart, dans l'impossibilité de faire face aux nécessités de la vie, lorsque des revers imprévus leur imposent, tout à coup, l'obligation de se créer des ressources par le travail? Et ne serait-il pas par conséquent prudent de veiller, un peu plus qu'on ne l'a fait jusqu'à présent, sur l'éducation positive de la femme?

Aussi, sommes-nous de fervents partisans de l'établissement des classes d'instruction professionnelle et ménagère, destinées à offrir aux jeunes filles qui quittent l'école, après avoir terminé leurs études primaires, le moyen d'apprendre une profession lucrative, tout en s'exerçant aux soins du ménage, et en se préparant ainsi à l'accomplissement des devoirs qui les attendent dans la famille.

Les cours de ces écoles sont répartis en *cours généraux* et en *cours spéciaux*.

Les premiers comprennent : l'enseignement primaire, l'étude si utile, et parfois indispensable de la comptabilité, l'économie domestique, le dessin, la coupe des vêtements, les soins à donner au ménage : cuisine, blanchissage, repassage du linge, etc.

Les cours spéciaux s'appliquent aux professions suivantes : couturières, lingères, blanchisseuses de fin, passementières, coloristes.

On ne saurait trop recommander ces écoles aux familles des travailleurs mis à même d'éviter à leurs enfants les dangers de l'atelier, les promiscuités fâcheuses, les mauvais exemples.

Elles donneront incontestablement aux jeunes filles une culture industrielle et commerciale, féconde en résultats excellents.

C'est une question intéressante pour tous, et brûlante d'actualité, que celle de l'éducation des femmes de France !

Les lois nouvelles tendent à faire des collèges de filles, émules des collèges de garçons. Espérons, pour nos enfants, qu'on n'exagérera pas la culture de leurs facultés intellectuelles ; la mission spéciale de la femme pourrait en souffrir.

« La plus utile et la plus honorable science pour une femme, c'est la science du ménage, » a dit Montaigne.

C'est une science en effet, et même un

La science la plus utile pour une femme
c'est la science du ménage.

art, car, de la bonne ou de la mauvaise administration d'un intérieur dépendent souvent la fortun e, bien plus, le bonheur d'une famille.

Fleury a tracé l'un des premiers les grandes

lignes d'un programme d'enseignement pour les femmes.

Comme instruction générale, il demande les connaissances de grammaire, nécessaires pour lire, écrire et composer correctement en français, une lettre, un mémoire, ou quelque autre pièce d'usage journalier ; des notions d'arithmétique pratique et de jurisprudence ; il insiste particulièrement sur l'économie ou science du ménage, et sur l'hygiène, si utile pour prendre, de soi-même et des autres, le soin qu'il convient. Ce compte fait, il déclare que les filles peuvent se passer du reste ; du latin et des langues modernes, de l'histoire, des mathématiques, de la rhétorique et de la philosophie des collèges, de la poésie et de toutes les autres curiosités. Il accorde seulement, qu'il vaudrait mieux qu'elles y employassent les heures de leurs loisirs, qu'à lire des romans, ou à jouer, ou parler de leurs jupes et de leurs rubans.

Cet horizon nous paraît constituer un minimum obligatoire suffisant, que Mme de Genlis cherche à élargir plus tard de telle sorte, dans son Cours complet d'éducation, que

d'après Grimm, pour exécuter un pareil ouvrage, il ne fallait pas moins que l'esprit de
Locke, le génie de Rousseau, l'âme de Fénelon
et la naïveté de Gessner.

Avec Mme Campan, nous rentrons dans la
mesure et les règles de la première organisation de la maison d'Écouen qui méritent
d'être signalées. Elles portaient vers les vertus
domestiques d'abord, et se complétaient par
l'étude approfondie de la langue, du calcul,
de l'écriture, de l'histoire, de la géographie,
de façon à ce que toutes les élèves fussent
assurées du bonheur de pouvoir commencer
elles-mêmes l'instruction de leurs enfants, et
remplir complètement au besoin leur rôle
d'éducatrices maternelles (octobre 1809).

Napoléon Ier disait qu'en faisant d'abord des
femmes utiles, il était certain d'en faire des
femmes agréables.

Nous partageons cette opinion, et insistons
sur la nécessité de donner aux facultés de
la jeune fille une nourriture solide, qui ne
saurait nuire à leur développement harmo-
nieux.

Les programmes d'études élaborés depuis

un demi-siècle ont servi de base à la loi du 21 décembre 1880, sur l'enseignement secondaire des jeunes filles, mais nous réclamons pour nous l'application pratique de la loi, par la création en grand nombre des institutions dans lesquelles on continue l'instruction générale, en donnant ou en perfectionnant l'instruction professionnelle.

La paix de l'intérieur, le bonheur de nos enfants, en seront la conséquence, et si toutes les carrières sont largement ouvertes à nos fils, qui, du point de départ le plus humble, peuvent atteindre aujourd'hui aux plus hauts sommets, songeons à augmenter les débouchés susceptibles de permettre à nos filles de se créer des positions suffisamment rémunératrices pour faire pénétrer, dans leurs foyers obscurs, un peu de soleil et de bonheur.

Si l'on veut améliorer l'homme, c'est par l'enfant qu'il faut commencer, et c'est la mère, penchée sur son berceau, qui du souffle de son âme peut transformer cette plante fragile en un arbre vigoureux et sain.

Aussi, devons-nous donner à la femme

l'éducation et l'instruction, afin de lui permettre de bercer l'esprit naissant des jeunes enfants par des causeries, familières dans la forme, substantielles dans le fond; par des

La première éducation.

explications simples et raisonnées, à la suite de bonnes lectures, de fortifiantes leçons, puisées dans la morale en action, les sages maximes et les récits patriotiques.

Elle saura saisir les mille prétextes offerts

par la vie de tous les jours, pour exercer le sens moral de l'enfant qui représente l'avenir, et sera, dans le présent, l'objet de sa sollicitude constante et de ses plus grandes préoccupations.

Les recommandations de la mère conduisant son fils à l'école.

C'est auprès de sa mère, dont il est la joie et l'espérance, qu'il grandira dans les conditions les plus favorables à son développement intellectuel et moral.

Soutenons donc de tout notre zèle la création des établissements, ayant pour but de former les mères de famille, parce que la famille est la base de toute société, le fondement de la prospérité et de la gloire d'un État.

Les femmes, dans les limites de leur haute mission, dans le cercle du foyer domestique, rendront plus de véritables services à leur pays, auront une influence d'autant plus grande sur ses destinées, qu'elles seront plus aptes à retenir leurs maris et leurs enfants dans la voie du devoir et de la droiture, dans le chemin de la raison et du bon sens.

Elles auront plus de mérite, et tiendront mieux leur place dans la société, si elles restent filles affectueuses, mères dévouées et compagnes aimantes, au lieu de chercher à conquérir les prétendus droits que certains utopistes revendiquent en leur faveur.

Gardons-nous de changer les femmes en hommes, et ne risquons pas, en cherchant à leur donner une supériorité dangereuse dans le ménage, d'en bannir la douceur et la grâce

Fortifions leur raison sans porter atteinte aux qualités natives qui sont leur gracieux apanage : une exquise sensibilité vibrant à tous les souffles, une profonde tendresse, un dévouement absolu dans les circonstances difficiles, l'esprit de famille dans sa plus haute expression.

Et la maison éclairée par leur charmant sourire restera, pour les siens, un jardin plein de fleurs, un printemps inondé de soleil.

TABLE DES MATIÈRES

www.ingramcontent.com/pod-product-compliance
Ingram Content Group UK Ltd.
Pitfield, Milton Keynes, MK11 3LW, UK
UKHW020202130726
13696UKWH00002B/674